Masao Suzuki
鈴木将夫

オフィスのゴミは知っている

ビル清掃クルーが見た優良会社の元気の秘密

日本教文社

推薦のことば

聖路加国際病院　理事長・名誉院長　**日野原重明**

「元気に百歳」クラブ代表の鈴木将夫さんが、三年間の早朝ビル清掃の体験をもとに、地球環境の保全と、ゴミ問題をテーマとした、最前線からの警告レポートともいうべき本を出版されるとお聞きして、正直ビックリしました。

いつの間に「掃除のおじさん」の世界に入られたのか、たびたびお会いしていましたのに、一度もそんなお話はされませんでした。鈴木さんとはここ五年ほどのお付き合いですが、長年、勤められた大手広告会社を定年退職されてからは、シニアのボランティアグループ、「元気に百歳」クラブを立ち上げられ、近未来に迎える超高齢者社会が「明るく、快適、安心できる社会」でありたいと、お仲間とディスカッションしながら、地域の市民や行政への提言活動をされている方です。

「元気に百歳」、「元気が最高のボランティア」など、さすが広告会社出身だけあってとてもわかりやすいことばと、メンバー手作りの素晴らしい機関誌や会報を次々に発刊され、クラブの趣旨を社会にアピールされています。

私も、クラブの機関誌や会報などが発刊されるたびに請《こ》われて巻頭言を書いてきました。「元気に百歳」創刊号から第三号までの巻頭言は、「心すこやかに」、「こころ輝いて」、「共に生きる」でした。機関誌の他に会報が発刊された折には、会報のタイトルが「こころ輝いて」になり、題字の揮毫《きごう》をさせていただきました。

会報第二号の巻頭言は「終わりよければすべてよし」。これからの高齢社会には、いきいきと輝く、自立した高齢者が主役になります。鈴木さんはシニアの自立とはどんなことなのかを、身をもって体験されるために、早朝ビル清掃にもチャレンジされたのではないでしょうか。何事にも好奇心を持ち、チャレンジしてみる。これからのシニアには大切なスピリットだと思います。鈴木さんのこのご本が、ビル清掃という立場から、地球環境問題に一石を投じてくれることを願ってやみません。

平成一五年四月

はじめに

「ビル掃除のおじさんが本を出すことになったそうだ」

という話を聞いて、ある友人は、多くの出版社が不況であえぐ中、ずいぶん太っ腹なことをする出版社があるもんですね、と答えました。

「その本は、僕が書くんですよ」

というと、その友人は、一瞬、気まずそうな顔をした後に、どのような経緯で本を出すような運びになったのかと、神妙な顔つきで聞いてきました。

私の答えは簡単でした。

「ビル清掃の現場で、いろいろなことに気がついたんだけれども、それらのことは、日頃、なかなか意識されないことばかりだ。だから、自分が理解した範囲で、そういうことを訴えたいと思ったからなんだ」

そうです。一億二千万人の日本国民の多くが、毎日、なんらかのビル建物に関わっているはずです。もちろんお父さんは会社のあるオフィスビルに日々通い、お母さんだって、役所やデパート、映画館、レストランなどの建物に行くし、子どもたちは学校に通い、高齢者や赤ちゃんは病院や施設に通い、旅に出ればホテルや駅を利用します。

このようなビル建物が、どのようなシステムで管理されているのか、管理の当事者でない限り、ほとんどの人は意識していません。そして管理のカナメである「清掃」についても、

「ああ、掃除のおじさん・おばさんがいるなぁ」

ぐらいの認識ではないでしょうか。

しかし、ビル建物では、毎日、膨大な量のゴミが排出されています。と同時に、莫大《ばくだい》な電力が消費されているのです。夜中であろうがコウコウと灯りがついているビル群。とめどない冷暖房とその排熱。これらは都心部で、ヒートアイランド現象なるものを生み出しました。家庭や工場ばかりが、環境問題の現場ではありません。じつは星の数ほどあるビル建物から出るゴミ問題や電力問題こそ、もっともっと意識されなければならないのです。

そしてこのような意識に目覚めた企業やオフィスは、とても輝いているのです。

もともと私もサラリーマンでした。定年退職をしてからビル掃除をはじめたわけですから、

清掃業の専門家ではありません。それがよかったのだろうと思います。元サラリーマンである清掃のシロウトが、清掃の現場（ビル建物の世界）をかいま見たら、あらビックリの連続で、だんだん好奇心がわいてきて、この世界のことをいろいろ調べてみたわけです。

もちろんビル清掃という仕事のおもしろさも体感しました。そこに働くいろいろな人間模様にもひかれました。喜びも生きがいも感じました。

そして自分なりに、地球環境の保護のための一翼《いちよく》を担《にな》うのはビルクリ（ビル清掃員）だという信念をもつようになりましたし、元気のいい企業は、オフィスの整理整頓や環境に対する意識も高いという事実に気づいたわけです。

つたない文章ではありますが、「ビル掃除の現場」から、地球環境のためのささやかな一石を投じてみたいと思います。小著をお買い求めいただいた読者のみなさまには、どんなご感想をもたれたのか、新米著者としては、ぜひともお聞きかせいただきたいところです。辛口の叱正《しっせい》、ご忠告をいただければ望外の幸せです。

平成一五年　春分の日

鈴木将夫

オフィスのゴミは知っている
——ビル清掃クルーが見た
優良会社の元気の秘密

▼目次

第9章　ビルクリ現場の声――クリーンクルーのホンネ……137

第10章　ビルクリは地球を救う
――「生きがい」をもって行こう！……159

謝辞

本書の執筆・編集にご協力いただいた方々を以下に列挙し、
謝意を表したいと思います。

・社団法人　全国ビルメンテナンス協会
・株式会社クリーンシステム科学研究所
・「元気に百歳」クラブ
・日本パイロットクラブ
・恵比寿ガーデンプレイス
・王子製紙
・大王製紙
・日本紙パルプ商事
・日本製紙
・北越製紙
・三菱製紙
・(財) 古紙再生促進センター

第1章

ビル清掃員は見た

――ビルクリ豆鈴木、誕生！

▼ビル清掃員・豆鈴木　見参！

私の名前は豆鈴木です。もちろん本名ではありません。ペンネームです。正確にいえば、副業で似顔絵作家をやっていますから、そのときの雅号といった方がいいかもしれません。

「なぜ、そんなヘンな名前にしたのか？」

と、疑問に思われる読者も多いと思います。そのワケはこのすぐ後に譲るとして、その前にまず自己紹介をしておきましょう。

私の本業は、ビルのクリーンクルーです。ビルのクリーンクルーと聞いて「ああ、あれか！」とわかる人はかなりの事情通です。ふつうの言葉で言い替えれば、ビル清掃作業員ということになります。

「ああ、ビル清掃のおじさんか」

と、やっと理解していただけたかと思います。そう。一言でいえば、掃除のおじさんです。しかもレッキとしたビル清掃会社に雇われています。そこのクリーンスタッフとして私は働いているのです。

（尚、ビル清掃のことを、ビルクリーニングといいますが、業界用語で「ビルクリ」といい

ます）

「ビル掃除のおじさんが、なぜ、本を書くんだ？」

と、怪訝《けげん》に思われる人も多いかもしれません。そのワケも、追々話してみようと思います。少なくとも、ヒマつぶしでこのような本を書いているわけではありません。

ペンネームを述べましたから本名の方も白状します。鈴木将夫といいます。ビル清掃作業員としてのキャリアは、ちょうど三年になります。ベテランとはいえませんが、新米でもありません。もしかしたら、今がいちばん、この仕事が「おもしろい」と思える時期なのかもしれません。

私は本書で、この三年間をふり返りながら、ビル清掃という仕事がどういうものであるかを述べてみたいと思います。とくに環境問題やエネルギー問題に関わるいろいろな現状を、ビル清掃員の立場から述べてみたいと思います。

と同時に、この仕事のすばらしさや社会的な意義、内面的な充実感＝やりがい、健康づくりに役立つ利点なども語ってみたいと思います。もちろん、この仕事だからこそ味わえる人間ドラマや折々の雑感なども紹介してみたいと思います。

好きなことをやりたい！

では、なぜ「豆鈴木」なのか。ここでお話ししておきます。

じつに単純な理由です。「豆」は植物の中でも良質の健康食品です。健康にいいだけではありません。その味も魅力です。ビールに枝豆は欠かせません。納豆や豆腐も大好きです。

私の生まれ故郷の名古屋では「お元気ですか」という意味の挨拶《あいさつ》をするときに、「マメきゃーも」といいます。「豆」には「健康・達者」という意味があるからです。

また「マメに働く」などというように「真面目《まじめ》」という意味もあります。

私は会社員だった時代から、人が「やりたがらない」ような役を、よく引き受けました。

そう、幹事役です。同期会、趣味の囲碁サークル、ゴルフの会、異業種勉強会、会社のＯＢ会など、いくつもの会の幹事役、お世話役をコマメにやってきました。

そうこうするうちに、いつの頃からか、

「君はマメだねえ。マメで通っている鈴木さんだから、略して『マメ鈴』だね」

などといわれるようになりました。こうしてまわりからだんだん「マメ鈴」とよばれるようになりました。それで、カルチャー教室で「イラスト＆似顔絵」の講師をするようになったとき、ペンネームとして「豆鈴木」という名前を採用したのです。

豆鈴木という名前の誕生秘話を述べたついでに、「清掃作業員」としての私が誕生するまでの歩みも述べることにしましょう。

一九九九年の五月末、私は三七年間勤務した広告会社を定年退職しました。退職を間近に控えたあるとき、私は、

「この先一年間は、失業保険給付の無駄遣いをしてもいいから、自分の生きる道を探さなければ……。退職したその日からはじまる『サンデー毎日』をいったいどのように過ごせばいいか、何をしたらいいか、じっくり考えてみよう」

と考えました。これは長年、勤め上げた会社をいざ辞めるという人が、ある日突然、現実に遭遇して、まるで目を覚ましたかのように実感する重大な問題です。定年退職者には、「毎日が休日になる」という現実を、いやでも受け入れなければならない日がくるのです。

そんなある日、大学時代の先輩から、

「定年後は、青春時代にやりたかった夢に挑戦したらいいよ」

というアドバイスをもらいました。私は「そうだ！」と一人納得して、子どもの頃から好きだった絵をはじめることにしました。

▼似顔絵作家・豆鈴木

ひと口に「絵を描く」といっても、絵には、油絵や日本画などの本格的なものから、イラストやマンガといった類《たぐい》まで、じつにいろいろなものがあります。私は、この歳《とし》ではじめるのなら、もっとも安直な「似顔絵」をやろうと決めました。

それで、幸いなことに定年間近になると、仕事らしい仕事も少なくなりましたので、新宿の住友ビルにある「朝日カルチャーセンター」に通うことにしました。講座は、夕方六時からはじまる、宇田川のり子先生の「似顔絵入門講座」でした。

こうして一年間の講座を無事にやり終えました。あまり上手《うま》くもなりませんでしたが、二〇〇〇年の四月から、「ＮＨＫ文化センター」と「三越文化センター」で、「豆さんの似顔絵の絵手紙」という講座を開設してもらうことになりました。

「たかだか一年の下積みでプロになれるものなのか？」

と、疑問に思う方も多いでしょう。いえいえプロになったのではなく、私の押しの強さと熱心さが、講座を開かせたのだと思っています。講座は、どちらも一二名ほどの生徒さんでスタートしましたが、なにせ新米の似顔絵講師ですから、生徒さんには迷惑な話だったと思います。

もちろんその間、勉強のために、地域のお祭りやイベントなどに積極的に飛び入り参加して多くの「顔」を描きまくりました。

「あなたの〝青春時代の顔〟を描きますよ！」

という「セールス・トーク」をかかげて、老人ホームや高齢者会館などの慰問にも出かけました。

「似度三〇パーセント、喜度一〇〇パーセント」

これが私のキャッチフレーズです。「似度」というのは似ている度合い、「喜度」というのは、描いて差し上げて、それを喜んでいただける度合いのことです。つまり、似顔絵といってもたいして似てはいないけど、相手が青春時代に見せていたであろう〝いちばん輝いている顔〟を描いてあげるわけです。喜ばないはずはないですね。

さて、その翌年の秋からは、品川区のシルバー大学「うるおい塾」で「豆さんの似顔絵入門」という連続講座もはじまり、二〇名の先輩諸氏に教えることになりました。

似顔絵作家・豆鈴木の誕生秘話は、このような次第だったのです。

▼「元気に百歳」クラブのスタート！

自分のことをつらつらと綴《つづ》ってばかりで気が引けるのですが、なぜビルのクリーンクルーの道に入っていったか、そのプロセスを少しお話しした方が、読者のみなさまのご理解も深まるだろうと思いますから、もう少しご辛抱ください。

さて、似顔絵作家として地味ながらスタートしたかたわらで、私はもうひとつの活動をはじめました。それはボランティア・グループである「『元気に百歳』クラブ」の立ち上げでした。どういう会かというと、「元気が最高のボランティア」という趣旨《しゅし》のもとに、六〇歳以上の人を対象にして、「いかにせば元気になれるか」を考え、実践するグループです。と、こういえばカッコいいのですが、今のところ、機関誌の発行と年に数回の会合が、その活動の中心です。これからもっと広げて行きたいと思っています。

思えば二〇〇〇年一月一日。まず私は、年賀状や年賀メールで、昔からの仲間に呼びかけました。

「心身の健康、元気がなければ、これからの一〇〇歳人生を乗りきるのは大変だよ」

この呼びかけに四〇名が集まりました。聖路加国際病院名誉院長の日野原重明先生には、スタート前からいろいろとご指導をいただきました。これを機に「元気に百歳」クラブが立ち上がったのです。

この会では、毎年一〇月一〇日を「元気に百歳クラブの日」（一〇×一〇＝一〇〇という意味で）と勝手に決めて、機関誌を発行しています。昨年の一〇月一〇日には第三号を発刊することができました。もちろん今年（二〇〇三年）の一〇月一〇日には第四号を発刊する予定です。（写真・創刊号）

なぜ、こういう会をはじめようと思ったのか、私の考えを少し述べてみます。

私は、還暦《かんれき》（六〇歳）を迎えたときが、自分の人生における「自立期」のスタートだと考えているのです。三七年間におよぶサラリーマン生活の中で、私は「社員教育」のセクションに一二年間在籍していました。その間、いろいろな企業や団体からお声がかかり、教育関連のお話をさせていただく機会がありました。

その多くは、中高年社員を対象とした

ものでした。そこで私は、講演のタイトルを、「一〇〇歳人生、三期説」と題してお話をさせていただきました。もちろん、自身の失敗人生の反省を踏まえての、さまざまな事例の紹介がほとんどでした。そんな私の持論である「一〇〇歳人生、三期説」について、ここでちょっと詳しく説明させていただきます。

▼「一〇〇歳人生、三期説」

ご存知の通り、今日本では、少子高齢化がどんどん進んでいます。生まれてくる子どもの数は減る一方なのに、老人は元気で長生きになってきています。

日本人の平均寿命は、女性が八四・六歳。男性が七七・六歳です。そして一〇〇歳以上の超高齢者が、なんと一八、〇〇〇人以上になり、今後もどんどん増えるでしょう。こう考えていくと、誰もが一〇〇歳まで生きる可能性をもちながら、この深刻な経済不況の中を生きていかなければならない、という考えに到ります。

このような一〇〇歳人生を前提として、三つの節目でくくったのが「三期説」です。では次に、各論を述べていきましょう。

第一期「保護期」（〇歳〜二九歳）

子どもの頃から、親にも、親戚にも、ご近所にも、学校の先生にも、そして会社に入れば先輩諸氏からも「超過保護」に育てられるこの時期、人生五〇年の時代ならまだしも、一〇〇歳人生の社会における二〇歳は、餓鬼《がき》も、餓鬼。二〇歳で成人など、とんでもない話です。だいいち二〇歳で自立できる若者がどれくらいいるのか、みなさんのまわりを見渡して勘定してみてください。一〇〇歳人生の時代における成人は三〇歳でいいのです。成人式をするなら、会社に入って「モモクリ三年・カキ八年」が過ぎた頃、つまり三〇歳でいいと思います。「三〇歳成人説」とは「保護期」の所以《ゆえん》なのです。

第二期「成長期」（三〇歳〜五九歳）

次の三〇歳から五九歳までの三〇年間が、社会人として、大人として、ビジネス・パーソンとして実務体験を通して成長する、まさに「成長期」なのです。

この期間、私たちはまわりの人たちに助けられ、同僚と一緒に苦労をし、経験を積みながら、一人前の社会人、ビジネス・パーソンとしての仕事がやっとできるようになる、あるいはできるようになった時期だと思います。

家庭人としても、結婚をし、子どもをつくり、子どもを育て、家を建て、あらゆる生活費の重みがしっかり認識できる時期なのです。これが「成長期」の所以です。

第三期「自立期」（六〇歳〜一〇〇歳）

さて、六〇歳になった私たちは、長年の人生経験とその蓄積のために、知識、知恵、人脈などが豊富になってきています。気持ち的には、つまり本音の部分では、「やっと私も一人前に成長したか」とホッと嬉しく思ったのも束の間、ビジネスの世界では「定年退職」の時期がやってきます。

つまり、六〇歳になったその日から、「ご用済み」のレッテルを貼られて「サンデー毎日族」のお仲間になるのです。

「そりゃあないですよ。殺生《せっしょう》です」

「健康だってまだまだだいじょうぶ。元気いっぱいなのに！」

「ようやく、オレの時代が！」

と思う間もなく、職場を失ってしまうのですから。大学教授が、ベンチャー企業を興《おこ》したくなる気持ちもわかります。経済面でもまだまだ飛躍をしたいときなのです。

とはいえ、現在の日本の社会では、多くの人がやっぱり定年を迎えます。

さあ、それからが大変です。この先四〇年間、「あなたはどう生きますか?」と問われて、ハッキリとした答えができる人は、意外に少ないのではないでしょうか。

子どもも成長し、手がかからなくなりました。生活費にも余裕が出てきました。これから「自分の出番だ」というときに、とたんに、島流しにでも遭《あ》ったかのような、定年という境遇。誰しも「それから」の人生をよくよく考えて、充実して生きなければと思うようになります。

ですから、誰でも自分なりに、六〇歳からの最後の期間を「自立期」と仮定して、この時期にこそ「真の自立」を目指して、自分らしい生活にチャレンジすべきだと考えるのです。

と、研修会や講演会で、偉そうに言ってはみたのですが、

「オマエさんはどうか？」

といわれると、私自身も未体験ゾーンですから、「それがいい」という証拠があるわけではありません。そこで、まず自分で何かを実践してみようと思いました。真の自立人生を目指して、私なりの一歩を前に踏み出したわけです。

▼豆さんの自立奮闘記

ところが、自立人生を築くには、それなりのお金がかかります。つまり、稼がねばなりま

せん。職安にも通いました。持ち前の強引さから、年齢制限を無視して、押しかけ面接にも行きました。

しかし「六〇歳ですか？」の一言ですべてがチョン。失業率が五・五パーセントを超え、働き盛りの若者たちが必死で職を探しているこのご時世です。六〇過ぎでは確かに「ご用済み」のレッテルを貼られてもしかたがないのだと実感しながら、厳しい就職戦線を体験しました。

このようなときに出会ったのが、早朝のビル清掃の仕事でした。六〇歳からの「自立期」を自分なりに実践するために私が選んだのが、この仕事だったのです。

まず、時間帯として早朝の仕事なので、午後の活動に支障はありません。タイム・スケジュールが立てやすいのが強みでした。

それだけではありません。私にとっては「健康（保持）にいい」ということがあげられました。早起きをして適度の運動をするわけです。さわやかさ、この上なしです。朝の空気を吸って、みんな元気いっぱいです。必然的に、夜は早く寝ることになります。

クライアントにとっては「清潔なオフィスで効率アップ」を実現させることができ、ビル管理会社にとっては「マメに働くスタッフ」ということで評判も上々です。

この三者のメリットを満たすことができれば、満足度もかなりアップです。人のお役に立つからです。

ともかく、「やっぱり年寄りはダメだね」といわれないように「しっかり、一所懸命にやってみよう」というのが、一九九九年の暮、この仕事をスタートさせたときの真剣な気持ちです。そして昨年、このビル清掃の仕事をいったん辞めるときまで、無遅刻無欠勤を通しました。

▼はじめてのビルクリ

真冬の朝五時。出勤時間です。あたりは真っ暗。勤務地のある地下鉄日比谷線の「八丁堀」駅について階段を上がると、からっ風が頬《ほほ》に突き刺さります。そこから徒歩五分ほどのところにある八階建てのビル。ここが、私のはじめてのビル清掃の職場でした。

病院での清掃作業体験があるという先輩のAさんから、ゴミ回収のし方、バキューム（大型の掃除機）のかけ方、ゴミ下《おろ》しのし方、いわゆる「ビルクリ作業の定番」を習いました。これについては、また後ほどご説明します。

Aさんは、とくに水まわりの清掃がプロ級の人でした。

「なるほど、病院は清潔第一だものなぁ」

などと感心させられたものです。

こうして一ヵ月が過ぎました。何とか一人で、受けもちである三フロアのゴミ回収とバキュームがけに慣れた頃、社長から「麻布十番」にまわってくれという指令が入りました。その翌日から、私は新しいビルで、清掃作業をまたはじめからやり直しました。

今度の先輩は、七年前にこのビルが建ったときからこの作業をやっているというKさんでした。しかも、早朝六時から夕方五時までの終日やっているというから、Kさんは超ベテランです。Kさんは、無駄口ひとつたたかず黙々と作業に取り組む、気持ちの優しい職人肌の人でした。

このビルはNTT関連のビルでしたが、テナントとしてCMのスタジオなども入っていたので、休日だろうが夜通しだろうが、おかまいなしに撮影がありました。そのせいで、人の出入りも頻繁でした。

当然、弁当箱や、ジュース&お茶のゴミ（カンや紙パック）が大量に出てきました。作業を担当していた朝六時から九時までの三時間、私は休みなしで、これら大量のゴミをゴミ・コレクター（回収したゴミ袋を入れる運搬車）に回収し、地下一階のゴミ集積所まで、何度もこのコレクターを運びました。この一連の「ゴミ下し作業」がすむと、今度はバキュームがけです。前のビルの三倍ほどの広さがありましたので、なかなかスムーズには行きませんでした。

これが私の第二の職場でした。

▼恵比寿ガーデンプレイスに戦場を移す！

からっ風が頬を刺す真冬にはじめたビル清掃の仕事でしたが、「慣れるまでは」と必死の日々を過ごしているうちに、いつしか季節は春へと移っていました。

桜の花も終わり、街路樹の緑が輝く頃、お仲間の先輩Ｉさんから、

「そろそろ契約が終わるらしいよ」

という話を聞かされました。この業界も競争が厳しいらしく、ビル管理会社の下請けで入っていたわが社は、リストラの憂き目を見るらしい、とのことでした。あの突然の辞令から三ヵ月あまり。やっと慣れたこのビルにも、早くもお別れのときがきたのです。

こうしてリストラされた私は、次の職場を虎視眈々《こしたんたん》と狙っていました。

「ビルクリにやっと慣れてきたところだ。どこかにいいビルクリの仕事はないか？」

と思っていた私に、思いがけない職場への転職の機会が訪れました。それはなんと、「YEBISU GARDEN PLACE TOWER」でした。新聞の折り込み広告に「恵比寿ガーデンプレイスタワーでの清掃員募集」という宣伝文句を見つけたのです。

私は、昨年（二〇〇二年）の秋まで、恵比寿に自分の事務所（一部屋）を構えていました。ですから新しい職場までは、徒歩にして五分の近距離でした。勇躍《ゆうやく》、ガーデンプレイスに面接を受けに行きました。

すると、Nさんという息子ほどの若い社員が出てきて、私の過去の経歴やら、清掃業務の経験など、いろいろな質問をしてきました。面接ですから仕方がありません。しかしこの根ほり葉ほりの結果、

「翌週からいらしてください」

という連絡があり、平成一三年五月二一日から、恵比寿ガーデンプレイスタワー、通称「YGPT」を職場として、早朝清掃員の新たなスタートを切りました。

驚いたことに、今度の職場では、私が最年長者になったのです。それまでふたつのビルを職場としてきましたが、そこではいずれも私が最年少でした。

初めのビルでは、一〇年間無欠勤を通したという、七〇歳のMさんという女性の後釜として入りましたし、次のビルでは、七五歳で辞められる元教師のUさんという女性の交替要員として入ったのです。先輩のIさんからは「今度は若手だね」といわれたものでした。それが今度は、いちばんの年長になってしまったのです。

「YGPT」はさすがに超近代的なオフィスビルです。四〇階建てです。わが社はその四〇階のうちの数階を担当していました。仲間は四〇人ほどでした。早朝組が一五人で、昼間の勤務組が一五人、夜組が一〇人という配分でした。

学生さんが多かったことや、中国や韓国からの留学生が多かったことも特徴でした。

豆さんのギョーカイ豆知識　その1

知ってるかい？　ビルの世界

私たちが住んでいるこの世界には、いくつかの種類の環境があって、私たちはふだんほとんど無意識にその環境で生活しているといえます。

まず、居住環境ですね。ふだん寝起きしている環境です。それは家庭であったり、家やマンションという建物であったり、住宅街という町であったりします。

次に、私たち人間が、あまりいない自然環境というのもあるでしょう。それは人間の手垢《てあか》があまりついていない環境であるかも知れませんし、人間に管理されている環境かも知れませんが、いずれにしても、山があったり、川があったり、海があったり、谷間があったり、花壇があったりします。

そして私たちは、そういう環境を「非日常の空間」だと無意識に決め込んでいるふしがあって、たまに日常生活から逃れたいときに、そういうところへ旅行と称して出かけたりします。

もうひとつ、私たちが「仕事をする環境」というのがあります。職場というと、勤めに出ている大多数の人は、オフィスが入っているビルの光景を思い出すのではないでしょうか？　そう、ビルです。

この世の中には、数え切れないほどのビルがあります。東京や神奈川などの首都圏だけでも、いったいどれくらいの数のビルが存在するのか？　おそらく凄《すさ》まじい数にのぼると思います。日本中となると、その数は想像を絶するほどでしょう。大阪、名古屋、神戸、札幌、博多、仙台……。いえいえ、都会でなくとも、ビルはいたるところに存在します。

そして、それらのビルの中では、毎日、誰かが何かしらの仕事をしているのです。

さて、星の数ほどあるビルですが、どのようなビルであれ、人がそこで仕事をしている以上、誰かがそのビルを管理・運営しているはずです。もちろん清掃業務（ビルクリーニング）もその中に入りますが。

「そういえば、朝、オフィスにやってきて、夜、仕事を終えて帰宅の途につくまで、ずっとオフィスにいるわけだけど、このオフィスがどうやって管理されているのかって、ふだん、ほとんど考えたことないなぁ」

というのが、大方の人の正直な気持ちではないでしょうか。

そう、ビル管理の世界というのは、世のビジネス・パーソンの「無意識の世界」に存在しているのです。そこで、本書では、「豆さんのギョーカイ豆知識」のコーナーを設けて、少しでも「ビルの世界」の紹介を試みてみようと思います。

尚、私自身は、正しくはこの業界の人間（専門家）とはいえないので、今回、株式会社クリーンシステム科学研究所の坂上逸樹さんに、情報提供をはじめいろいろなご協力をたまわりました。まずもって御礼を申し上げておきたいと思います。

星の数ほどビルがある？

一九七〇年に、ビル衛生管理法という法律ができました。正式名称は「建築物における環境衛生の確保に関する法律」で、これは厚生労働省の管轄になります。この法律は「特定建築物」といわれるビルが対象になっています。

「特定建築物」というのは「不特定多数の人が利用するビル」といっていいと思いますが、法律的にはマンション（住居）とはまったく別物であると考えていいと思います。

さて、どういうビルが「特定建築物」なのか、今ひとつハッキリとしないと思われるでしょうが、規模でいえば、延べ床面積三、〇〇〇平方メートル以上のビルが対象となりますから、小さいビルはこれから漏れることになります。(ただし、ビル衛生管理法には、特定建築物でないビルも、法律に基づいて管理を行う努力をすべきことがうたわれています)

この「特定建築物」の数ですが、平成一四年度までの段階で、全国で三三、〇〇〇〜三四、〇〇〇棟ほどあるとされていました。しかしこの春(平成一五年)には、法律が改正(四月一日に施行)され、特定建築物の範囲が拡大されたために、その数はもっと増えていると思います。

さてその内訳ですが、事務所、店舗、百貨店、興行場、学校、旅館などさまざまですが、病院やマンション、ある種の学校などはこれに含まれていません。

見方を変えて、東京都の公共建築物(都営住宅、警察・消防の建物なども含む)の数が約二九、〇〇〇棟ほどあるといわれていますから、全国の公共建築物や民間の小規模建築物なども勘案するとなると、その数は膨大《ぼうだい》なものだと予想されます。まさに星の数ほどあるのです。

もちろん、すべてのビルに、私たちのようなビルメンテナンス業に携《たずさ》わる者が出入りして、管理しているわけではありません。しかしいずれにしても日本は「ビル社会」だと考えていいと思います。

現在、超高層ビルの建設ラッシュが取りざたされています。それに伴い、既存のビルの運営(経営）が大変だというので、大騒ぎしているわけです。テナントが入らなくなったオフィスビルをマンションにつくり変えるところも出てきています。

「そんなにいっぱいビルをつくってどうするの？」

という声もあるほど。ビル業界にとっては正念場でしょうが、私たち「ビル管理」に携わる者にとっては、大忙しなのです。

第2章

ビルクリの現場

——ゴミといつまでも

▼恵比寿ガーデンプレイスで「オッハー」

ここで恵比寿ガーデンプレイス、通称「ＹＧＰ」をご紹介します。「ＹＧＰ」は、横文字でいうところの「ＹＥＢＩＳＵ　ＧＡＲＤＥＮ　ＰＬＡＣＥ」の頭文字を取ったものです。

歴史をひもときますと、一八八九年（明治二二年）に、今の恵比寿に建設されたのが「日本麦酒醸造会社（現サッポロビール）」でした。有名な「ヱビスビール」発祥の地です。

そこにあった工場の跡地が再開発され、一九九四年（平成六年）一〇月に、ガーデンをもつ最先端のタウンとして生まれ変わったのです。そのタウンのド真中に四〇階建てのオフィス棟があるのですが、このビルを「タワー」と呼びます。

ＪＲ恵比寿駅三階の東口改札口を出て右方向に歩くと、長い長い「動く歩道」があります。これに乗って五分。その終点が「ＹＧＰ」の入り口です。

オープンの頃は一躍、若い人たちの人気スポットとなり、連日、動く歩道は、カップルをはじめ、大勢の人であふれていました。大盛況だったわけです。

最近では、おしゃれな「大人の街」としてすっかり定着した感があります。緑と光が豊かな落ちついた風情があることもこの街の特徴です。

その四〇階建てのオフィス棟（タワー）には、内外の大手企業のオフィスが入っていました。フランスの有名ファッション・ブランド会社であるシャネルをはじめ、アメリカの自動車メーカーであるゼネラルモーターズ、アメリカの有名な金融会社であるモルガンなど、そうそうたる顔ぶれです。商業施設としては、三越デパート恵比寿店、恵比寿ビヤステーションなどが代表格でしょう。

「ＹＧＰ」では、季節ごとに楽しいイベントが催《もよお》され、そのたびに大勢の人たちで賑わっています。毎年、クリスマス頃から二月のバレンタインデーまで「Baccarat《バカラ》」社の世界最大級のシャンデリアがガーデンの真中に点灯されるのが恒例となっており、観客動員の目玉となります。

なぜ私がここまで「ＹＧＰ」の宣伝をするのかというと、かつて広告屋だったからではなく、ここを三番目の職場と定めて、ウキウキしながら日々ビルクリの仕事に専心していたからなのです。仕事の楽しみを覚えた頃なのでしょう。毎朝、「オッハー！」と挨拶したいくらいウキウキしていました。

▼準備するもの「常に笑顔！」

こうして二〇〇一年の五月二一日、私の「ＹＧＰ」でのビルクリがはじまりました。地下三階にあるビル管理会社の管理事務所に、毎朝五時四〇分に出社。六時ちょうどの仕事開始に向けて、続々とクリーンスタッフが集まります。

この会社のマネージャーであるＳ氏と現場担当者のＮ氏から、その日の担当フロアと業務がそれぞれ指示されます。指示を受けたスタッフは、それぞれに与えられた清掃用具をもって専用エレベーターに乗り込み、所定のフロアに向かいます。人だけなら三〇人は乗れそうな大型のエレベーターです。

このタワービルには一〇社ほどの大手ビル管理会社が入っているのですが、制服は全社を通して共通です。つまり全員が同じユニフォームなのです。しかし全員、胸に札をつけます。そこにスタッフの名前と、どこの会社の所属かが記されてあります。区別できるのはそこだけです。

こうして各社のスタッフが一斉にエレベーターに乗り込み、担当フロアごとに下りていって、その日の清掃がスタートするのです。

さて「豆の初日」は、マネージャーＳ氏からのガイダンスと実習でした。まず最初にマネージャーから手渡された「作業手順書」を見て、その冒頭の言葉に驚きました。というより、思わず苦笑してしまいました。次のように書かれていたのです。

「準備するもの『常に笑顔！』」

なるほど、と感心してよく読むと、じつに細々《こまごま》とした指示が記述してありました。この後でガイダンスを受けましたが、なにせ現場を見ていないし、しかも初日の緊張した頭とあっては、すぐれたご教示もすぐには入ってきません。

ガイダンスが終わると、それに続いて「習うより慣れろ」ということで、現場見学と実習が行われました。といっても、前の職場でも体験した「ゴミ回収」「バキュームがけ」「点検」「ゴミ下し」の「定番四点セット」でした。

前の職場でのそれとさほど違いはないものの、やはり「郷に入れば郷に従え」で、だんだんとここの職場ルール＆マナーを体得していけばいいだろう、と自分に言い聞かせながらの初日は何とか終了しました。

八時に事務所に戻ると、ひと仕事終えたスタッフが控えのコーナーで、笑顔で談笑していました。〝準備するもの〟笑顔は「最初も、最後も、なのだ」と確認しました。

▼ゴミ箱の定番

「ビルクリ」をはじめて約一年が経過した頃、私は「ビルクリ」という仕事の「奥の深さ」を実感しはじめていました。というより、「ビルクリ」という世界のそこかしこに、やっと目が行き届くようになってきました。

たとえば、ゴミ箱は、ビルクリにとって、大事なアイテムです。ゴミ箱ひとつ眺めてみても、そこには不思議な世界が広がっていきます。そのゴミ箱の定番といえば、昔から「丸型、黒塗り、ブリキ製」と相場が決まっているようです。オフィスに置かれているゴミ箱の多くが、やはりこのスタイルです。

しかし、その定番のゴミ箱に、何から何まですべて放り込んでよかった時代は、もうとっくに過ぎました。今は、ゴミは分別して捨てる時代なのです。だから、黒いブリキのゴミ箱がひとつあればいい、というわけにはいきません。

▼ゴミ回収――ゴミといつまでも

前に紹介しましたが、私たちの仕事で必ずやるべき作業があり、いわば定番の作業なのですが、これを「ビルクリ定番四点セット」という風によんでいます。「ゴミ回収」「ゴミ下し」

「バキュームがけ」「点検」の四つの作業のことです。この四つは、欠かせない作業なのです。

ゴミ回収は、オフィス内清掃でいちばんはじめに取りかかる作業です。基本的にはフロアにある机の数、すなわち社員の数だけあるゴミ箱から、毎日一回、ゴミを回収するという作業で、ひとつの取り残しもゆるされないものです。

「あっ！　ゴミ箱にゴミが残ったままだ」

ということにでもなれば、さあ大変です。

「ビル清掃会社は、いったい何やってんだ！　清掃会社を替えなきゃならん」

ということになりかねません。

日本には、数千社ものビル清掃会社があるといわれています。つまり、交代要員はいくらでもいるのです。自分たちが〝お払い箱〟にならないように、懸命に働くしかないのです。

さて、ＹＧＰＴ（恵比寿ガーデンプレイスタワー）のオフィスは広く、ひとつのフロアになんと四〇〇個ものゴミ箱があります。フロアによってゴミ箱の形や色が、それぞれに違いますが、いちばん多いのが、前に述べましたように、何十年も前から変わらない「丸型、黒塗り、ブリキ製」のものです。

ブリキ製のゴミ箱は、痛みにくいことで有名です。ですから一度、ブリキ製のゴミ箱を導入してしまうと、一〇年は使用するのが当たり前のようです。そのため、近代的な明るいオフィスには、どう見てもミスマッチと思える黒いブリキ製のゴミ箱が、今でも主流のようです。ビルクリスタッフだからこそ、これは実感できることなのかもしれません。

▼ゴミ箱にも「顔」がある

さて一見、どれも同じように見えるゴミ箱ですが、これが毎日回収していると、ゴミ箱の「顔」がそれぞれ違うということがわかってきます。そう、ゴミ箱にもそれぞれ個性があるのです。なぜでしょう？　それはゴミ箱の持ち主の個性が反映されるからです。

そこで、それぞれのゴミ箱（の特徴）を眺めながら、これを所有している（ゴミ箱のオーナーである）社員が、どのようなタイプの人なのか、その顔を想像してみたりすることがままあります。

やがてゴミ箱のオーナーに、密かに「ニックネーム」をつけてしまいます。そのニックネームを呼びながら回収するのも、単調な作業を楽しく創造的にするひとつの方法でした。

たとえば、毎日、必ず「ペプシコーラの空き缶が三本以上」入っているゴミ箱がありました。このゴミ箱のオーナーは「ペプシさん」と名づけていました。またたとえば、なぜか

「パソコンのフロッピーが三枚以上」入っているゴミ箱がありましたから、このゴミ箱のオーナーには「フロッピーさん」というニックネームをつけました。

またたとえば、大量のパンチ（パンチ・カード＝丸い孔《あな》をあけた紙）が入っているゴミ箱があります。このゴミ箱は要注意です。うっかり回収をしくじると、そのまわりにパンチ（の小紙片）をばらまくことになるからです。当然、このゴミ箱の持ち主のことを「パンチさん」と名づけました。

その他、企画書など不用になった書類を、資源ゴミ（リサイクルゴミ）のボックスではなく、机の横の小さなゴミ箱にギュウギュウづめにつめこむ癖のある「企画書さん」もいれば、机の上に栄養剤や薬のビンを所狭しとオンパレードで並べている「薬屋さん」もいます。

もちろん、ニックネームをつけた人たちと顔を合わせたことなどありませんが、今日も「ペプシさん」はペプシを飲みながら、仕事をしているのだろうなぁと思わず想像してしまうところが何ともいえず楽しいですね。

▼回収作業は慎重に

さて、ゴミ箱を巡ってのゴミ回収作業は、ついつい中腰の姿勢でやりがちですが、この姿勢を長時間続けていると、モロに腰痛の原因になります。ゴミの量が少なく、軽いゴミ箱だったら、中腰で作業してもだいじょうぶですが、ゴミが多く、重いゴミ箱の場合は「片ひざをついて、腰に負担をかけない姿勢」で回収することが肝要《かんよう》です。

もちろん、若い学生さんたちなら、そんな心配もないせいか、スピード勝負で走るように回収していますが、若くても腰への負担は変わりません。ですから、毎日の、長い作業の場合は「片ひざついての回収」がおすすめなのです。まして私たち中高年齢層にはこれがいいでしょう。

第3章

ビルクリは楽しい!

――ビルクリは心身をキレイにする

昇る朝日に、輝く富士山

恵比寿ガーデンプレイスタワーは、四〇階建ての近代的オフィスビル。私が所属していた管理会社は、そのうちの数階を担当しています。私のはじめての担当階はかなり上の方の階でした。

最初の一ヵ月は、もっぱら「ゴミ回収、バキュームがけ、点検、ゴミ下し」の〝ビルクリ入門〟としての「定番四点セット」をやらされました。時間にすれば、ゴミ回収に一時間。バキュームがけ、点検、ゴミ下しの三つで一時間。計二時間の「ビルクリ」作業です。

はじめのうちこそ、窓の外を眺める余裕など全くなかったのですが、だんだんに慣れてきて、作業時間も日に日に短縮されてくるに従って、作業の区切りに窓から景色を眺めるようになりましたが、それが大変すばらしいことに気がつきました。

フロアの間取りですが、真中にエレベーターホールがあります。これをはさんで、南側と北側に、それぞれオフィスがあります。私の担当は、はじめ南側でした。それが一ヵ月後、今度は北側を担当することになりました。東と西には、どの階にも「リフレッシュルーム」があり、社員の喫煙コーナーを兼ねています。

お天気のいい日には、東側のコーナーから、品川沖に昇る朝日を、正面に眺めることができました。一方、西側のコーナーからは、朝日に照り輝く富士山を眺めることができました。とにかく眺望のすばらしさを堪能《たんのう》しました。

すばらしいのは、眺望ばかりではありません。冬場には、まだ夜明け前の真っ暗な空に、満月や三日月を認めながら、あるいは月のない朝は、満天の星空を眺めながら、徒歩で五分ほどの通勤時間を存分に楽しみました。

下から眺めるもよし、上から眺めるもよし。いろいろな風景や景色が楽しめる、すばらしい職場だったといえましょう。

冬の富士山は、冠雪した頂《いただき》部分が、朝日に照らされピンク色に輝きます。日の出の時刻に合わせて、東側に赴《おもむ》き、しばし朝日に合掌し、それから西側にまわり、輝く富士山に合掌します。

これは早朝ビルクリの特権だといえます。生きているという実感が、悦びとともに、ふつふつと湧いてくる瞬間でもあります。

▼学生さんも多かったＹＧＰ

前に述べました通り、地下三階にある管理事務所に、私たちは五時四〇分から四五分頃に出社します。六時の仕事開始までに、続々とクリーンスタッフが集まります。そしてビル管理会社のマネージャーと現場担当者（クリーンクルー長）から、その日の作業指示がされると、みんなそれぞれの持ち場に向かうべくエレベーターに乗ります。

「ＹＧＰ」での勤務初日、エレベーターの中でまわりを見渡すと、私よりも年配の人が見当たりません。女性も何人かいらっしゃいますが、女性に年齢を聞くような失礼はできませんから、本当はみなさん、いくつなのかわかりません。

こういう場合、新参者としては、余計なことはしゃべらないようにして、なるべく万事控え目でいるのがいちばんだと思い、ひたすら他のスタッフ同士の話に耳を傾けることにしました。

しかし一週間ほどたつと、少しずつ仕事のことで言葉を交わすようになり、早朝スタッフ二〇名の「顔と名前」が何とかわかるようになりました。しかし、やはり私よりも年配の人とは巡り合えません。

前述のように、前の会社では、ふたつのビル（勤務地）を体験しましたが、どちらのビルでも私が最年少で、いずれも「今度は若手がきたね」と、先輩スタッフから歓迎されたものです。ビルクリスタッフはどこも年配者ばかり（定年退職者がやるもの）なのだと思いこんでいたので、このYGPでは勝手が違いました。

まず、学生さんが多いことに驚きました。早朝スタッフ二〇名のうち、じつに七名が学生さんだったからです。T大生のY君は、いつも陽気にジョークを飛ばしてスタッフを笑いに引き込みました。W大生四年のS君は、霞ヶ関のお役所への就職が決まり、最後のビルクリに精を出していました。M大の女学生であるFさんも、政府系の金融機関に就職が決まって、残りわずかとなった学生生活をビルクリをしながら満喫していました。韓国、台湾、中国からの留学生もいました。国際色豊かです。

いずれにしても、みんなまじめにビルクリに取り組む〝気のいい仲間〟ばかりだということができます。もちろん、学生ばかりではなく社会人組の中にも若者がいましたし、私のような中年のおじさん、そして主婦。みんなが協力しあって、朝の二時間という短い勤務時間を、気持ちよく過ごせるように気を配りながらがんばりました。

ちなみに、定年退職後の〝おじさん〟は、やはり私一人であるということが、一ヵ月後にやっと確認できたのでした。

▼ビルクリで、若返ろう！

さて私は当時、朝早くから、ビル清掃のような仕事をしている人は、みんなそれぞれに何か事情があって、このような（特殊な）仕事をしているのだろう、と思っていました。だから、誰もがプライベートな話はしないようにしているのであり、それがこの職場の常識なのだと思っていました。

ところが学生さんたちには、そういう深い事情はないのです。だから彼らは、学校のこと、試験のこと、アルバイトのこと、部活のこと、趣味のこと、遊びのこと、旅行のことなど、いろいろな話を屈託なく陽気に話しているのでした。

それで私もできるだけ、そんな若者たちの会話に参加していくことにしました。私にも三〇歳前後の二人の息子がいますが、こんなに若い学生さんたちと話をする機会など久しくありませんでしたので、毎朝が楽しくて仕方ありません。

昇り降りのエレベーターの中でも冗談が飛び交い、笑いがたえませんでした。とうとう無口なおじさん、おばさんたちも、この若者たちのエネルギーに感化されたのか、次第に話に加わってきました。やがて、とてもうちとけた、ファミリアな雰囲気ができてきました。

気のせいでしょうか。おばさんたちも、若者たちに負けまいと思うからでしょうか、あるいは若い男の子たちに囲まれるからでしょうか、日に日に若返っていっているような気がしないでもありませんでした。ビルクリをしながら若返るなんて、なかなかすてきなことではないでしょうか。

▼ビルクリで、シェイプアップしよう！

思えば、天と地ほどの変化でした。

サラリーマン時代の生活と、ビルクリの生活とは、別世界の出来事のようです。

「ＹＧＰ」時代の私の一日は、だいたい次の通りです。毎朝、四時三〇分に起床。五時に朝食。そして五時三〇分には出発します。

多くのサラリーマンからすると、恐るべき「早起き生活」ということになると思います。なんせ五時四〇分には、職場に到着するのですから。そして六時から八時までの二時間、ビルクリで汗を流します。

ちなみに、その後ですが、八時三〇分頃、二度目の朝食をします。昼間は、似顔絵関連の仕事をしたり、前に述べました「元気に百歳」クラブ関連のボランティアの仕事をしたりします。そして夕食。夜は、一〇時には就寝です。

これも、世のビジネスマンからすると、驚くべき「早寝」ですね。

さて、サラリーマンの現役時代の終盤から、定年退職後の一年ほどの間に、ルーズな生活に慣れてしまった私のからだは、すっかり〝みにくいおじさん体型〟に成り下がっていました。

ところが、ビルクリをはじめてから半年ほどのうちに、私のからだからドンドン贅肉《ぜいにく》が落ち、五六キロあった体重が五〇キロにまで落ちたのです。骨の上にうっすらと筋肉がついたと表現した方がいいような、引きしまったスリムな体型へと、私のからだは変化したのです。

むしろこれ以上、体重が減ると、ビルクリの仕事に差し障ると判断した私は、三度の食事に気を使うようになりました。

諸事情から恵比寿の事務所を引き払ったため、ＹＧＰのビルクリの仕事を辞してしまうまでの三年弱、私は皆勤を続けました。これは私にとってある意味で勲章でした。ということで、最近では「元気に百歳」クラブでの講演会や勉強会などで、

「ビルクリで、シェイプアップしました！」

というような自己紹介までしています。中には「自分もやってみたい」といって志願して

くる人もいます。嬉しい限りです。でも「元気に百歳」クラブでは、「ビルクリには年齢制限がありますから、やるなら早い方がいいですよ！」とアドバイスまでする始末。六五歳以上では、ビルクリの仕事はほとんどありませんから。

このような感じで、私は、定年後に見つけた「ビルクリ」という世界にすっかりハマってしまいました。この仕事を「楽しんでいる」という喜びを、あらためてじっくりと味わったのでした。

豆さんのギョーカイ豆知識 その2

ビルメンテナンスって何？

星の数ほどビルがあるのなら、それを管理する人たちも、膨大な数だけ存在するのでしょうか。じつはその通りです。ビルの空調・給排水といった諸々の設備や、ビル全体の衛生状態などを維持する仕事を「ビルメンテナンス」と呼びます。メンテナンスとは「維持管理」という意味をもちます。

ビルメンテナンス会社は、このようにビルにまつわるいろいろな仕事を請け負ってやっています。いわばビルの「縁の下の力持ち」です。「ビルメンテナンス業」というと、いわゆる「清掃、設備、警備」の三大業務がその代表とされています。もう少し詳しく分けると、1環境衛生管理業務、2設備管理業務、3建物・設備・保全業務、4保安警備業務、5その他の管理業務……という五つの業務があります。

以下、これを簡単に述べます。

1——環境衛生管理業務

これは、ビルの内外の環境を衛生的に保つ業務だということができるでしょう。大きく分けると「清掃管理業務」と「衛生管理業務」からなり、ビルクリーニングは文字どおり前者にあたります。

ちなみに後者は、室内の空気環境や水道水の状態を検査したり、貯水槽・配水管などを定期的に洗浄したり、ねずみやゴキブリなど衛生害虫の駆除を行ったりします。これらの仕事は「ビル衛生管理法」の中でしっかりした基準が設けられています。

ビルクリーニングというのは、基本的にビルの床面や壁面、洗面所、トイレなどをきれいに維持する仕事ですが、貯水槽や排水管、空調などの清掃は、業務として含まれてはいません。なお、後半の話題の中心となるゴミ処理（ビル館内のゴミの収集・運搬・保管まで）は、衛生管理業務に含まれますが、これはビルクリーニング担当者が受けもっています。ちょっとややこしい話ですが。

ちなみに、ビルクリーニングには「ビルクリーニング技能士」という国家資格があります。全国のクリーンクルーのうち三万人以上の人たちがその有資格者なのです。

2——設備管理業務

これは「運転保守業務」とよばれます。ビル館内の設備が順調に働くようにする仕事です。どのような設備があるかというと、電気通信設備、空気調和設備、給排水設備、そして警報・避難・消火といった防災設備、エレベーターなどの昇降（搬送《はんそう》）設置などです。これらを管理するのは、電気主任技師やボイラー技士などの専門資格をもった人です。

3――建物・設備保全業務

これは「点検整備業務」とよばれ、建物の構造や設備の点検を行います。

4――保安警備業務

これはビルの〝安全を守る〟業務です。防犯・防災設備はオートメーション化が進んでおり、立哨《りっしょう》・巡回警備（警備員が派遣され、見張りをしたり巡回をしたりすること）だけでなく、ビル館内にも「防災センター」を設けて、監視や制御を行っているところもあります。

5――その他の管理業務

最近、ビルの〝証券化〟というのが話題になっていますが、ビルの〝資産価値〟を高めるために、ビルのオーナーに代わって〝ビル経営を代行する〟仕事のことを「ビルマネジメント業務」といいます。

そのほかに、受付・案内、エレベーター運転、電話交換、メールサービスなどを行う「管理サービス業務」があります。

ビルメンテナンス業の業務体系と主な資格

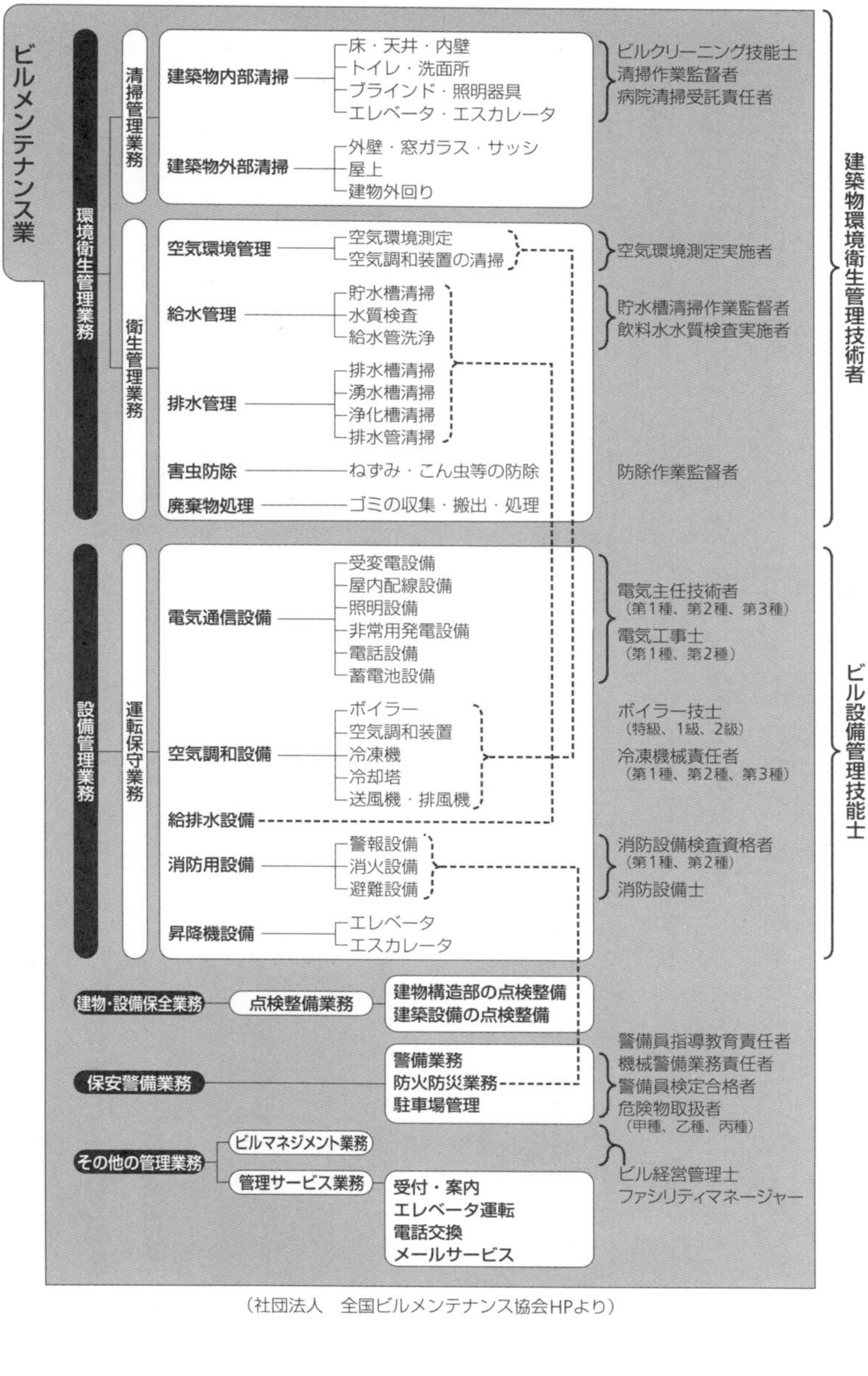

ビルメンテナンス業
環境衛生管理業務
清掃管理業務
建築物内部清掃
床・天井・内壁
トイレ・洗面所
ブラインド・照明器具
エレベータ・エスカレータ
ビルクリーニング技能士
清掃作業監督者
病院清掃受託責任者
建築物外部清掃
外壁・窓ガラス・サッシ
屋上
建物外回り
衛生管理業務
空気環境管理
空気環境測定
空気調和装置の清掃
空気環境測定実施者
給水管理
貯水槽清掃
水質検査
給水管洗浄
貯水槽清掃作業監督者
飲料水水質検査実施者
排水管理
排水槽清掃
湧水槽清掃
浄化槽清掃
排水管清掃
害虫防除
ねずみ・こん虫等の防除
防除作業監督者
廃棄物処理
ゴミの収集・搬出・処理
建築物環境衛生管理技術者
設備管理業務
運転保守業務
電気通信設備
受変電設備
屋内配線設備
照明設備
非常用発電設備
電話設備
蓄電池設備
電気主任技術者
（第1種、第2種、第3種）
電気工事士
（第1種、第2種）
空気調和設備
ボイラー
空気調和装置
冷凍機
冷却塔
送風機・排風機
ボイラー技士
（特級、1級、2級）
冷凍機械責任者
（第1種、第2種、第3種）
給排水設備
消防用設備
警報設備
消火設備
避難設備
消防設備検査資格者
（第1種、第2種）
消防設備士
昇降機設備
エレベータ
エスカレータ
ビル設備管理技能士
建物・設備保全業務
点検整備業務
建物構造部の点検整備
建築設備の点検整備
保安警備業務
警備業務
防火防災業務
駐車場管理
警備員指導教育責任者
機械警備業務責任者
警備員検定合格者
危険物取扱者
（甲種、乙種、丙種）
その他の管理業務
ビルマネジメント業務
管理サービス業務
受付・案内
エレベータ運転
電話交換
メールサービス
ビル経営管理士
ファシリティマネージャー

（社団法人　全国ビルメンテナンス協会HPより）

以上、もっと細かく分ければキリがないのですが、大まかにはこのようになります。これらの業務を行うのがビルメンテナンス（管理）会社です。右記の業務を総合的に請け負うところもあれば、個々の業務を専門としている会社もあります。そこはマチマチです。

ちなみに、社団法人・全国ビルメンテナンス協会という団体があり、ここに加盟しているビルメンテナンス会社だけでも、約三、三〇〇社もあるということです。凄《すご》いですね。しかしこれに加盟していない企業や個人企業、そして貯水槽清掃や害虫駆除といったもっと専門的な会社を含めると、もうその数は把握《はあく》できないですね。

ビルの管理というのは、このようにさまざまな業務によって成り立っています。すなわち、ビルを維持管理するというのは、それだけお金がかかることだということができます。そのことを示したのが六七頁の図です。

読者のみなさんは、ビルというと、まずその「建設費」を思い浮かべて、とても〝お金がかかる〟というイメージをもたれるのではないかと思います。しかし、長い目で見ると、じつはビルを「維持管理する費用」の方が莫大《ばくだい》なのです。

ビルのライフサイクルコスト

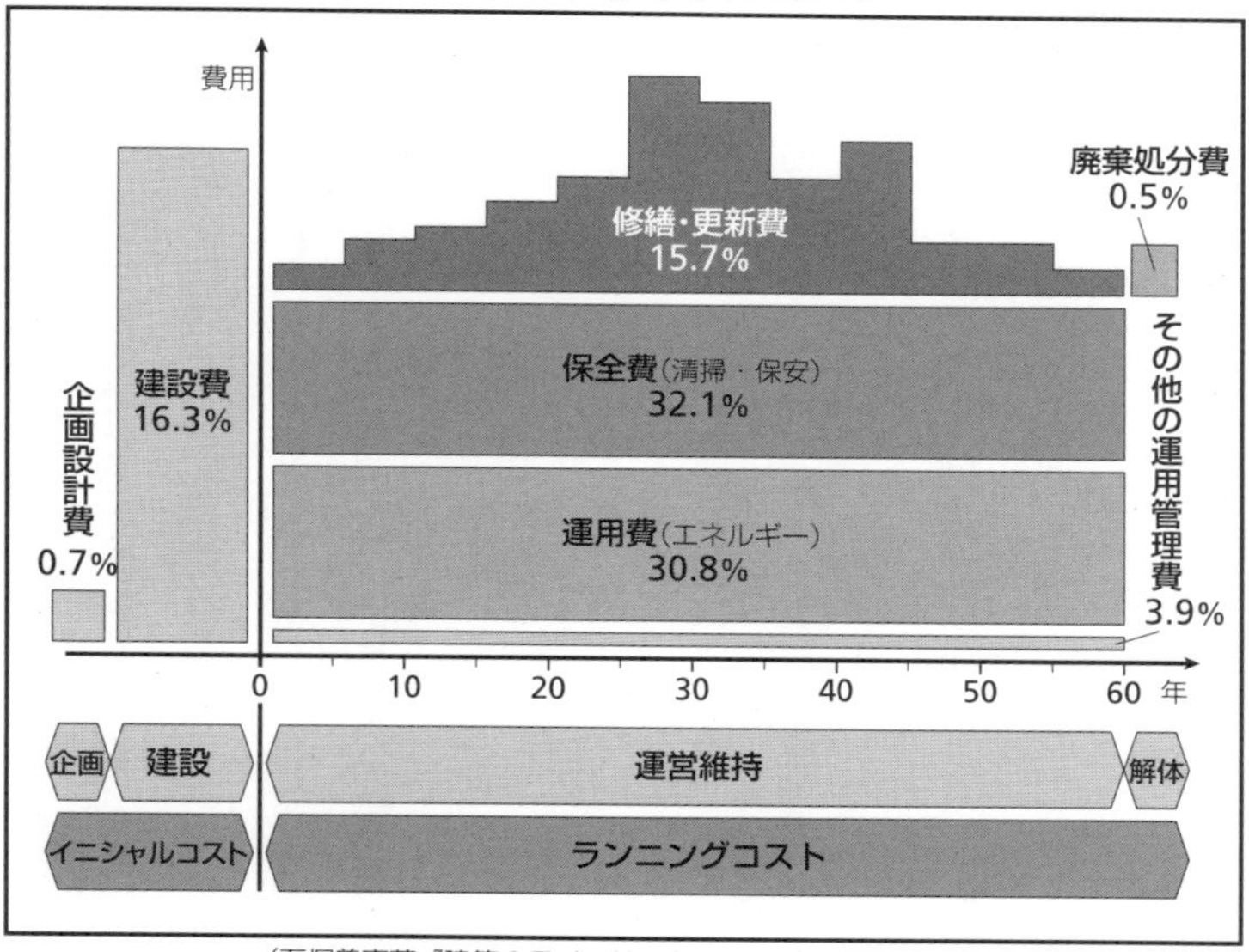

（石塚義高著『建築のライフサイクルマネジメント』より）

ビルの建築にかかる費用を「イニシャルコスト」と呼びますが、維持管理する費用のことは「ランニングコスト」と呼びます。ビルの生涯にわたってかかる費用を、建物のライフサイクルコスト（LCC）といいますが、これを適切に管理する必要があるわけです。

じつはビルクリーニングもその一翼《いちよく》を担《にな》っています。なぜならビルクリーニングは、良好な衛生環境を維持するばかりではなく、建物の寿命を延ばし、またその内外を美しく保つために、なくてはならないものだからです。

超ビッグな業界

では、いったい、どれくらいの人数が、この業界で働いているのでしょうか？　右に述べた全国ビルメンテナンス協会が集計している数字では、平成一二年の段階で、すでに九〇万人を超えています。

この中で、私たち「ビルクリ」はどれくらいいるのでしょうか？　一説には、五〇万人とも六〇万人ともいわれていますから、全体の約六～七割が、「掃除屋」だと見ることもできます。

「そんなに大勢の人がビル清掃に従事しているのか！」

と驚かれるかもしれません。しかし私たちビルクリの多くは、パートやアルバイトであり、一般の業界のような正社員や準社員もいますが、そういい人たちは、管理部門や幹部候補の人たちです。

もっと具体的にいえば、一般のビルクリスタッフ（パートやアルバイト）は、所属はビルメンテナンス会社でも、顧客であるビルに派遣されて仕事をしている人たちです。一方、本文に出てくるような「クリーンクルー長」（社員）は、現場責任者（監督者）としてそのビルに常駐して、顧客（ビル側）との対応をしたり、ビルクリスタッフを管理したりする人たちなのです。

ビルメンテナンス業界の総売上は、年間なんと三兆二千億円を超えるといわれます。凄いですね。これに、たとえば清掃だったら、洗剤やワックス清掃機械、用具、ユニホームといった関連産業の売上も含めると、それはもう膨大なものになります。

「無意識の世界」と述べましたが、それがもの凄い売上を上げていることに、私たちは注目しなければなりません。

第4章

ゴミの見本市

――オフィスにおける環境意識

▼ペアで行こう！

もう一度、私が働いていたビルの各階のフロアの構成の話をします。フロアの真中に、エレベーターホールがあり、これをはさんで、南北両側にオフィスがあるという話はすでに述べました。南側ですが、A、B、Cの三つのブロックで区切られています。北側も同じように、D、E、Fという三つのブロックで区切られています。

ビルクリのクルーたちは、南北それぞれの三ブロックを、二人のスタッフがペアになって作業を担当します。まず二〇〇個ほどのゴミ箱からのゴミ回収です。次にバキュームがけです。そしてバキュームがけをしながら、ゴミの回収し忘れがないか点検をします。最後に集まったゴミを下します。多少順序が入れ替わることもありますが、だいたいこのような手順です。

じつははじめの一ヵ月は、私はA、B、C三つのフロアのゴミ回収を、一人で担当しました。ゴミの多さに加え、単調な作業の連続と、作業の不慣れも手伝って、かなり時間がかかってしまい、さすがに疲れました。

ところがその後、同じように一人でゴミ回収をしていたスタッフが急に来れなくなったこ

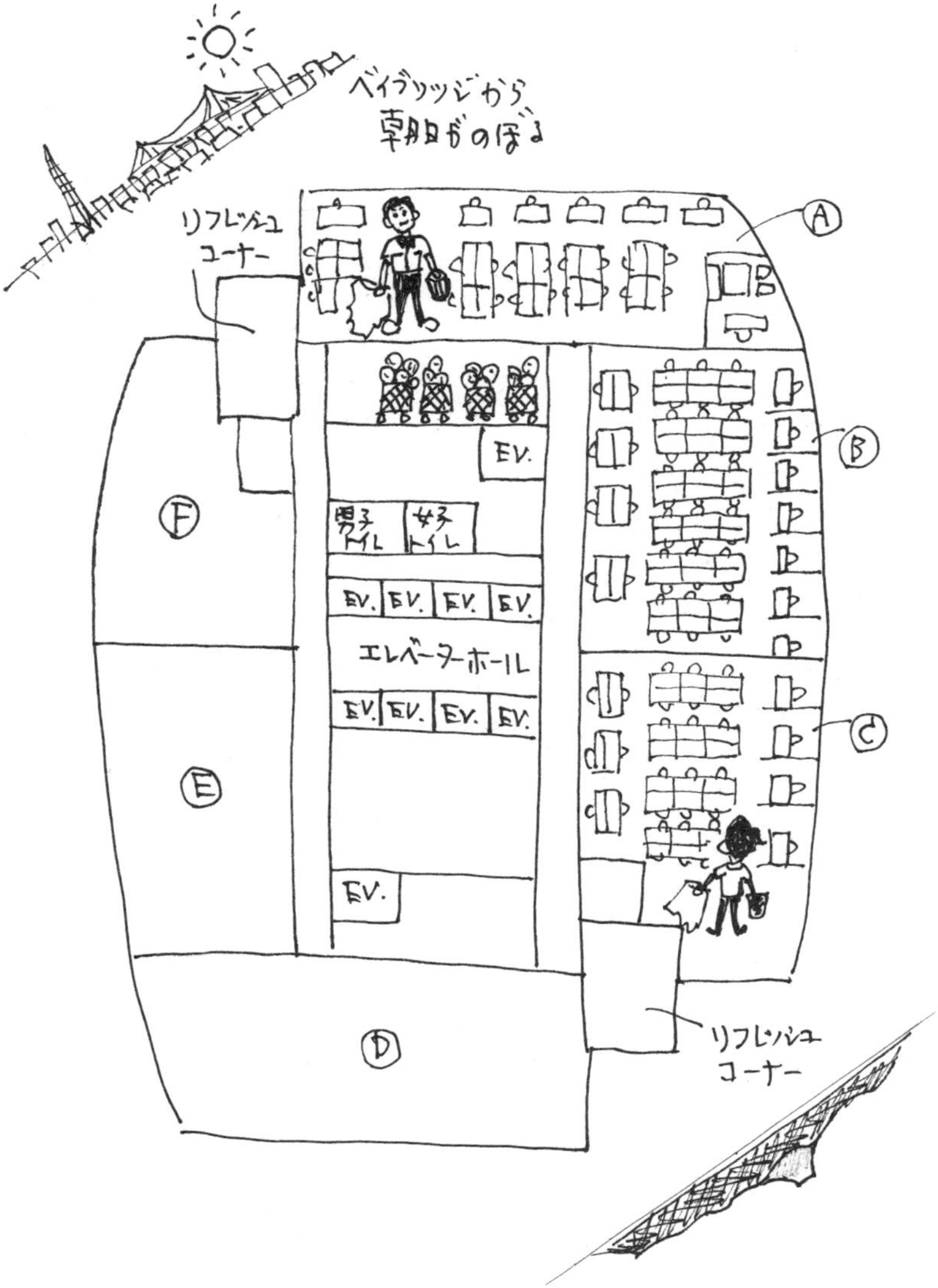
ベイブリッジから
朝日がのぼる
リフレッシュコーナー
A
B
C
D
E
F
EV.
男子トイレ
女子トイレ
EV. EV. EV. EV.
エレベーターホール
EV. EV. EV. EV.
EV.
リフレッシュコーナー

とがあったのですが、一人でやる作業はとても大変だとクルー長に思われたのでしょうか、たぶんこのことが原因となって、ついに私もペアを組まされ、ゴミ回収やバキュームがけを、ペアでやるようになりました。

しかしこれは正解でした。単調な仕事を一人で黙々と行うことには、かなり辛いものがあります。しかし誰かと一緒ならば、仕事にひと区切りがついたとき、一言二言、言葉をかけ合うだけでも、かなり気分が楽になります。だから「ペアがいい。ペアが何より！」という実感があるのです。

お互いの作業が終わり、ちょうどA、B、Cの真中あたりで、互いに「お疲れさま」とかけ合う声も、何となく弾んでくるから不思議です。

▼ゴミの見本市

さて、ゴミ回収の話が続いているので、ビルクリは、ゴミ回収ばかりやっているかのように思われる読者もいらっしゃるでしょうが、ここで順序を追ってお話ししたいと思います。

ビルクリの仕事のスタートは、まずオフィス内に入るドアの開錠です。当然といえば当然ですね。次に用具の準備をします。ビルクリのスタッフは、それぞれの担当階にある用具倉庫から、回収用のゴミ袋(九〇、四五、三〇リットルの三種類がある)を用意して、コレクター(回収したゴミ袋を入れる運搬車)を押しながら、担当のオフィスに入ります。

まずスタッフは二手に分かれて、A、B、Cそれぞれのオフィスの両端から、それぞれ四五リットルのゴミ袋をふたつずつ手にもって作業をはじめます。ひとつの袋には一般の「可燃ゴミ」を、もうひとつの袋にはおもにコンビニのビニール袋などに入った弁当箱のような「不燃ゴミ」を入れるのです。

そして、缶やペットボトル、コピー用紙やOA用紙、新聞紙、雑誌、カタログ、ダンボールなど、「リサイクル可能なゴミや紙類」は、いったん通路に置き去りにして、まず「可燃ゴミ」と「不燃ゴミ」の方を先に回収していきます。

ゴミの袋がふくらんでくると、ギューーッと押して空気を出しますが、それでもやがていっぱいになると、またまたギューーッと空気を強く押し出して、袋を真空状態にしてから、袋の両端をギュッとつかんでそれを結びます。

これをコレクターに収めたら、また次の新しいゴミ袋を取り出して、同じ作業を続けます。つまり、間断なく回収作業が続くわけです。

袋につめこんだ「可燃」「不燃」のゴミ袋の数は、フロアによって多少の差がありますが、私の担当していた階には、どのフロアにも負けないほどの量がありました。広告会社だからでしょうか。それとも無駄遣いが多いからでしょうか。

ちなみに、九〇リットルのゴミ袋は、給湯室にある大きなゴミ箱のゴミを入れるものであり、三〇リットルのゴミ袋は、吸いガラ入れなどのゴミを入れるものです。

次に、各社員の机の脇にあるゴミ箱の他に、オフィスのところどころに置いてあるゴミ集積所の「集合ゴミ」も回収します。通常は、コーヒー、紅茶、ジュース、水などの自動販売機が置いてあるところの脇が、この「集合ゴミ」の「ゴミ集積所」となっています。

その次に、さきほど通路に置き去りにした、缶、ペットボトル、新聞紙などの「リサイクルゴミ」を回収し、別のコレクターに積み込みます。これとは別に、リサイクル用の紙（B5判以上の使用済み用紙、新聞紙、雑誌など）を専門に置く「リサイクルボックス」があり、これからの回収もあります。

これでゴミ回収の作業は完了です。

このような手順でA、B、Cの三ブロックのゴミ回収がすべて終わるのに、約一時間を要します。一方、D、E、Fの三ブロックからも、同じようにゴミ袋を山盛りにしたコレクターが業務用エレベーターの前に集まってきます。

このふたつの部隊が合流すると、それはもう壮観というか、驚きというか、その量の多さに、感動すら覚えます。

さて、各フロアから回収されたコレクターは、「ゴミ下し」を専門にする担当者が中心になって、地下二階、三階にあるゴミ集積所や、廃棄ルーム、リサイクルルームに運ばれます。時間に余裕があるスタッフは、この「ゴミ下し」をヘルプします。

こうして、ゴミ集積所は多彩なゴミで満杯になります。その光景は、まさにゴミの見本市とよんでもいいと思います。

▼膨大な量の紙が捨てられる

ゴミ回収の作業でいちばん時間を費やすのは、いわゆる分別回収です。単に「可燃」「不燃」を分けるだけではありません。

オフィスには、仕事で使われる書類が毎日たくさん作成されます。ひと昔前と違って最近では、どのオフィスでも、社員の一人ひとりにパソコンが支給されています。机の上に、たとえ本はなくても、パソコンだけは置かれている、というのが現代のオフィスなのです。

さて、そのパソコンですが、みなプリンターに接続されています。そして各人が、毎日、何らかの書類を作成しています。私たちのフロアには、二〇〇個のゴミ箱があるわけですから、机も約二〇〇。二〇〇人が、一日に五枚の書類を作成したとして、全員で一、〇〇〇枚。これが四〇階あるとして四〇、〇〇〇枚。まぁこれはオーバーな単純計算だとしても、一日にこのYGPTだけでプリント・アウトされる紙の数たるや、一般の人の想像を絶するほどだと思います。

しかも、この何千枚、何万枚ものプリントアウトされた書類のうちの、数パーセントから数十パーセントが、使われないまま、あるいは用済みとなって、ゴミとして捨てられるのです。これは、資源の節約という観点から見ても、凄い現実です。

▼ビルクリの喜ぶオフィスを

リサイクル用紙となるべき、これらの書類に、新聞や雑誌などが加わった「廃棄紙」でギュウギュウづめになったゴミ箱がいつもある、という現実が目の前にあるのです。これは、エコロジーの立場からすれば、もちろん大問題ですが、一方、ビルクリ作業の立場にとっても、大変な問題です。なぜなら、これらのギュウギュウづめにつまったゴミ箱は、とても片手ではもち上がりません。それは凄い重さです。立ったままでの回収は不可能です。

ところが、中には、同じゴミ箱なのに、ビックリするほど軽いゴミ箱に出会うことがあります。こんな軽いゴミ箱に出会うと、思わず「ラッキー！」と叫びたくなってしまいます。ビルクリスタッフが喜ぶオフィスとは、ビルクリに手間ヒマがかからないようなオフィスです。つまり、机のまわりの整理整頓が行き届いているオフィスであり、ゴミの分別が進んでいるオフィスなのです。

なぜ、ビルクリが喜ぶかって？　もちろん、腰やひじ、ひざを傷めなくてすむからですが、もっといえば、そういう〝いいオフィス〟であるなら、ゴミの回収に時間がかからなくなるため、その分、ていねいなバキュームがけができるからです。

つまり、オフィスを、よりよくきれいにすることができるのです。ということは、整理整頓が行き届いているオフィスは、きれいなオフィスを生み出すのです。きれいなオフィスになると、社員の士気も向上するし、結果的に業績もアップすること間違いなしです。情けは人のためならず、いや、ビルクリはビルクリスタッフのためだけでなく、そのオフィスのビジネスの成功の鍵を握っているのだと実感しています。

第5章

ゴミ箱の気持ち

――可哀相なゴミ箱たち

▼ゴミ箱の気持ちはよくわかる

赤いリンゴに　口びるよせて
黙ってみている　青い空
リンゴは何にも　いわないけれど
リンゴの気持ちは　よくわかる
リンゴ可愛いや　可愛いやリンゴ

昭和二一年一〇月、ＧＨＱによる検閲《けんえつ》をはじめて通過した映画が公開されました。松竹映画の『そよかぜ』がそれです。この映画の主演女優である並木路子さんが歌った主題歌『リンゴの唄』は大ヒットしました。

少し詳しく説明しますと、並木さんの歌は、コロンビアレコードから、戦後第一号のレコードとして売り出されたのです。それはＮＨＫラジオを通して全国に流れました。並木さん自身、両親と兄弟を戦争で亡くしていましたが、その精いっぱい明るく歌う歌声は、敗戦で沈んでいた国民の心に、生きる勇気をたくさん与えてくれました。私も当時は小学校一年生。何もなくなった戦後の焼け野原から、家族と一緒に新しい生活をスタートさせました。『リンゴの唄』はそんな時代に流行した歌でした。ですから当時は、毎日、兄弟や友だちと一緒に口ずさんだものでした。ちなみに、作詞はサトウハチローさん、作曲は万城目正さんです。

「リンゴは何にもいわないけれど、リンゴの気持ちはよくわかる」

という有名な一節がありますが、作者のサトウハチローさんは、「リンゴの気持ち」をどのように思って、あるいは感じて、この歌詞を書かれたのでしょうか。もちろん私たちは、そんなことは知るよしもなく、ただ口ずさんでいるだけでしたが、今から思えば、戦争で亡くなった多くの国民にも「美味しいリンゴを食べて欲しかった」というような気持ちを、リンゴの歌で代弁されたのかも知れません。

朝、ビルクリーニングの作業に取り組んでいるとき、何も言わない机や椅子、キャビネット、ゴミ箱を眺めていると、

「彼らは、何を考えているの？　何か言いたいことがあるんじゃないか？」

と、フッと思うことがあります。

ということで、ここでは私が、彼らの中から「ゴミ箱」になり代わって、いろいろと「ゴ

ミ箱のひとりごと」を再現してみようと思います。

▼ゴミ箱だってキレイになりたい

「ボクはゴミ箱です。恵比寿ガーデンプレイスタワーという近代的な高層建築のビルの中にあるオフィスに、もう八年間もお世話になっています。

色は黒。鉄でできています。オフィスの机の横に、長く居座っているわけですから、転がされたり、蹴られたりで、ところどころにすり傷・へこみ傷がありますが、それ以外はいたってじょうぶな健康体です。

八年間といいましたが、つまりボクのご主人がまだ新入社員だった頃から、ずうーっと一緒なわけです。もちろんご主人は、ときどき席替えがありましたが、ご主人の名前札が貼られているせいもあって、席替えのときは、机クンや椅子クンと一緒に、ボクも移動しました。自惚《うぬぼ》れではありませんが、ボクへの愛着もあると思います。

ところで、ご主人のAさんは、とても優秀なアドマン（広告制作者）です。毎日、忙しそうです。でも、仕事に一所懸命に打ち込んでいる姿は、とても魅力的です。ご主人が制作するコマーシャルは、ユニークかつ斬新なもので、よくテレビ画面で放映されるので、ボクも密かに自慢に思っています。

さて今日は、ビルクリスタッフの豆さんから『ゴミ箱の気持ちをしゃべってくれ』という要請がありましたので、『じゃあ』というわけではありませんが、本音のところをお話ししてみます。

ハッキリ言って、ボクのご主人だけでなく、どのゴミ箱のご主人たちも、ボクたちゴミ箱の気持ちなど、ふだんほとんど意に介してくれません。これは事実です。

『ゴミ箱なんて、ゴミを捨てるためにある、ただの容器だよ』

ぐらいにしか思っていません。だから、ボクたちがどんなに汚れていようと、また、悪臭発生の原因になっていようと、また、まわりの雰囲気にそぐわない用具になっていようと、ほとんど意に介していない様子です。

ご本人ばかりか、オフィスを管理されている係りの人たちでさえ、ゴミ箱を清掃しようとか、新しいものに取り替えようとか（これはボクにとって、お払い箱になることを意味するので、悲劇的なことではあるのですが……）ほとんど考えてくれません。

しかしこのような（不当な）扱いを受けているのが、ボクたちゴミ箱なのです。

ボクたちゴミ箱を、毎朝手にしてくれるのは、ビルクリスタッフの人たちです。でもそのスタッフの人たちでさえ、ゴミ箱の中身（つまりゴミ）の回収はしてくれますが、ゴミ箱を洗ってくれません。

ですからどのゴミ箱も、汚れ放題なのです。たまに、新品のゴミ箱に出会いますが、その新品クンも、一ヵ月もすると、その汚れ具合が、ボクたち古参のゴミ箱に追いついてしまいます。

このような苦境を見るにつけ、ボクはあえて強く主張したいと思います。

『どうか、ゴミ箱のオーナー（ご主人）さん。月に一回でいいから、ゴミ箱を洗ってあげて下さい。ゴミ箱だってサッパリしたいのです！』」

▼コーヒー、コーラの飲み残しをそのまま捨てるのはやめよう！

引き続き「ゴミ箱のひとりごと」を再現してみたいと思います。

「では、なぜゴミ箱はそんなにどんどん汚れるのでしょうか？　汚れる最大の原因は、コーヒーやコーラ、ジュース、お茶などの缶やペットボトルが、他のゴミと一緒に同じゴミ箱（つまりボクの中）に、まとめて捨てられるからです。

まずいいたいのは、ボクは、リサイクルボックスではありません。缶やビン、ペットボトルは、リサイクルボックスに捨てるべきものです。

それでも百歩譲って、ゴミ箱の中に捨ててもいいとしても、飲み切ってあればまだゆるせますよ。ところが実際には、飲み残しの缶やペットボトルが捨てられるんです！　しかも、放り投げられる形で！　最悪ですね。ゴミ箱の底に、飲み残しのコーヒーやコーラ、お茶が、重力の法則によってこぼれ落ちてしまうのです。

豆さんたちビルクリのスタッフが、朝、ゴミ回収にまわってくる頃になると、もう悲惨です。ひと晩明けてみると、室温でいくぶん蒸発はしていますが、あのこぼれたコーヒー、コーラなどは、蒸発しなかったぶんが固まりかけているところです。そこへ無造作に捨てられたティッシュペーパーなどの紙ゴミがあったりするともう大変です。ティッシュペーパーは水分を含んだ後、ガチガチに固まって、ゴミ箱の底にへばりついているのです。

ビルクリのスタッフのみなさんも、へばりついたティッシュなど（のゴミ）を、何とかはがそうとしてくれるのですが、なにぶん、ビルクリのみなさんは、決められた時間内に大量のゴミ回収をしなければなりません。ですから、底にへばりついたティッシュまでを、ていねいにはがすことにまで手がまわらないのが現状です。

このような困ったことがしょっちゅう起こっているのです。すると必然的にボク（ゴミ箱）

の底には、頑固なへばりつきゴミが、まるでボク（ゴミ箱）の一部のようになって、半永久的に残ることになります。

ビルクリの豆さんたちは、ゴミ回収を終えてバキュームをかけるとき、目立って大きな〝へばりつきゴミ〟に関しては、はがして歩いているようです。はがしたゴミをポケットに入れながら、またバキュームをかけています。でも、すべてのビルクリスタッフがこれと同じことをしているわけではありません」

▼ゴミ箱をカラにして退社しよう！

「ここでオフィスのゴミ箱一同を代表して、ゴミ箱のオーナーさんたちに、僭越《せんえつ》ながら提言したいことがあります。

それは、仕事が終わって家にお帰りになるときに、ご自分のゴミ箱をオフィス内にあるゴミ集積所まで運んで行かれて、そこでゴミの中身をよく分別していただいた上で、きれいに捨てていただきたい、ということです。

一、二分もかからない作業だと思います。ちょっとしたお気遣いでいいのです。しかし、このちょっとした作業を励行していただくだけで、オフィスの雰囲気は、見違えるように変わってくると思います。

まず、オフィス内にあるみなさんのゴミ箱が、帰宅される時点でカラになれば、弁当箱の残飯から出る悪臭も、コーヒーなどの飲み残しによる〝へばりつきゴミ〟などもなくなります。

もし、みなさん一人ひとりが、底にへばりついたゴミをはがして、はがした後の汚れをティッシュでぬぐっていただけるなら、『ゴミ箱の汚れ』の問題は、かなり解消されるでしょう。

そしてもしそういうことが実行されるなら、毎朝のビルクリでの「ゴミ回収の時間」が、ずいぶん短縮されることになります。ゴミ回収ばかりか、豆さんたちが、あの〝へばりつきゴミ〟をゴシゴシとやる手間もはぶけます。

そうなると、今度はその分、『バキュームがけ』や『拭《ふ》き掃除』『カーペットのシミ抜き』などに使える時間が増えることになります。ということは、オフィスが格段にきれいになるということです。

このような各人の心がけの結果、オフィスがキレイになれば、その心がけの反映として、社員のみなさんの『士気』も上がるのではないかと思いますし、そういうことは、職場の精神衛生という意味でも、とても有効だと思います。

ですから、オフィスを管理されている担当セクションの方は、ぜひとも『ゴミ箱をカラにして退社しよう』キャンペーンを実施いただき、それが習慣化してくるようにしていただきたいと思います。

そうすれば、『ゴミを出すと、自分で片づけなきゃならないから大変だ。なるたけゴミを出さないようにしよう』というような『ゴミの減量』の意識も自然に目覚めてくるでしょうし、『リサイクルゴミの分別』も徹底されてくると思います。

こういったことを、ボクは切に要望します。

だって自分たちのオフィスではないですか。心が変わればオフィスが変わる。オフィスが変われば、業績アップ間違いなしです。ゴミ箱一同、自信をもって保証します」

ゴミ箱クンには、長々と持論をぶってもらいました。いかがでしょうか。

豆さんのギョーカイ豆知識 その3

ビルメンテナンス業の起こり

ビルメンテナンスという業種は、戦後まもなくしてビルが建ちはじめたときに、床やガラスの清掃を行うことからスタートしたといわれています。その後、設備や警備の業務が加わり、現在の姿になったようです。

昔の「学校」をちょっと思い出してみてください。学校には「用務員さん」がいましたね。私も子どもの頃、登校時や学校帰りによく挨拶《あいさつ》したものです。

用務員さんは、日頃よくあちこちの設備や用具の修理をしたり、ゴミを焼却したりしていましたね。そして学校に寝泊りして、夜は見回りもしました。教室や廊下のお掃除は子どもたちの受けもちでしたが、ビルメンテナンスでは、これも用務員さんがやっているようなものです。

ビル（の所有者や借り主）にとっては、こうしたさまざまな仕事を行う人材を自前で雇うより、専門の業者に委託した方がメリットは大きいのです。

昨年亡くなった前の日本オリンピック委員会（JOC）会長の八木裕四郎さんは、戦後のそういう時期に、日本も将来、ビル建設ラッシュがくると予測して、事業を興しました。そしてその事業を、東京美装興業株式会社という大企業に発展させました。

やがて日本でも、ビルの大型化・密閉化・高機能化にともなって、協会が設立され、法律も整備され、資格制度をはじめとした教育体制なども整っていきました。

八木さんは、世間的にはスポーツの発展に貢献されたことで著名でしたが、それだけでなく、全国ビルメンテナンス協会の会長を長いこと務め、その業界を発展させた実業家でもあったのです。

日常清掃と定期清掃

さて、ビルクリーニングの仕事の中身をもう少しご説明しましょう。

前にも述べましたが、私のようなクリーンクルー（ビルクリスタッフ＝掃除のおじさん＆おばさん）は、ふつうパート・アルバイトとして、床や壁面の拭き・掃き、バキュームがけ、ゴミ回収・灰皿清掃、トイレ清掃・備品補充……といったような作業を行います。これらは、日常的に行うものですから、「日常清掃」と呼ばれています。

これらとは別に「定期清掃」と呼ばれているものがあります。もしかしたら、オフィスで休日出勤したときにお目にかかったことがあるかもしれませんが、月に一回程度の割合で、床の洗浄を行う作業です。

一般に、ビルの床は、ビニル系の床かカーペットが大半です。そのほか、ビルの入口やレストランなどには石や木などの床もあります。

ビニル系の床材には、人の歩行や物品搬送などによる傷や汚れから床を保護するために、ワックスを塗ります。一方カーペットは、それ自体に汚れを包み隠す効果がありますから、何か保護剤を塗ることはしなくてもだいじょうぶです。

さて、日常の清掃では、われわれビルクリスタッフが、ビニル系の床なら「拭き・掃き」を、カーペット床なら「バキュームがけ」を行って、ついた汚れをすぐに取り除いています。しかしそれでも、汚れは徐々に徐々に付着して、日常清掃だけではじゅうぶんに落としきれなくなってきます。

そこで、洗剤やポリッシャーといわれる独特の機械などを用いて、定期的に洗浄する作業が必要になってきます。これが「定期清掃」なのです。

掃除の世界は奥が深い

本文の中で、私はしきりに「ビルクリ、ビルクリ」と連発していますが、ビルクリーニング（クリーンクルー）というと、まるで「掃除のおじさん・おばさん」の代名詞のように思われるかもしれません。家庭で行う掃除の延長だと見る人も多いでしょう。

「なあんだ、拭き・掃き・バキュームがけやって、洗剤で洗えば、もうそれでオシマイじゃないか」

しかし、家庭の掃除とちがって、ビルの清掃はお金をいただいて行うものです。そこにはプロとしての知識と技能がともなわれなければなりません。

こういうと、

「え？　準備するものは『常に笑顔』だけでいいんじゃないの？」

と思われるかもしれません。しかしあくまでそれは〝新入り〟に対しての話であって、もともとビルクリの会社は、しっかりした「清掃の理論」に基づいて仕事を組み立てているのはいうまでもありません。

先に床材の話をしましたが、床材だって、種類は無数にあります。天然素材と化学素材とを問わず、それぞれに特徴や特性があります。

次に問題なのは、そこに付着する汚れです。これだって、土砂、繊維、髪の毛、食べかすなど、大きくは「水溶性・油溶性・その他」に分類されますが、その性質は無数です。

それに洗剤の問題があります。建材に影響をおよぼさず、汚れだけを取り除くことができれば理想ですが、そのためには、それぞれの建材の化学的な特性にあった洗剤を使用しなければなりません。ヘタをすれば、建材を痛めるだけで、汚れはちっともとれなかったなんてことになりかねません。

さらに問題は、その方法論です。日常・定期の役割分担などまだ序の口で、たとえば凹凸《おうとつ》のある床面なら、それに適したブラシの選択が必要ですし、化学的にとれない汚れなら、機械などによる物理的な力も活用しなければなりません。

汚れの激しいところとあまり汚れないところを同程度に清掃したりせず、度合いを決めて手を入れることも必要ですし、最近では、単純に「汚れたら洗えばいい」という管理感覚よりも、できるだけ汚れを付着させない（汚れを予防する）ための管理技術の方が求められてきています。

そして先にすこしだけふれた「保護剤」です。ワックスだけとってみても、何十種類、何百種類もあります。建材に適したものを使用するのはもちろんのこと、商業施設などではツヤのあるものを、あるいは病院では臭いがきつくなくて、抗菌性のあるものを……などと、建物の用途によって使い分けることが必要です。

以上の五つの事柄を、私たちは「ビルクリーニングの五原則」といっていますが、建物というのは、ひとつとして同じものはありません。ですから、それぞれの建物に応じたオーダーメイドの管理が必要なのです。このように大雑把に述べ ただけでも、その奥深さを理解していただけるものと思います。

YGPTのカーペット管理法

ちなみに、YGPTでは、オフィス内や通路は「タイルカーペット敷き」です。そのためわれわれビルクリスタッフは、毎日バキュームがけをするわけですが、洗浄方法について紹介しておきます。同じフロアの通路でも、汚れやすい部分は決まっています。当然、人の歩くところです。ですから、その部分を重点的に手を入れ、あまり汚れないところは適度に手を入れる管理を行っています。つまり汚れ度合いに応じてゾーン分けし、作業周期を決めるわけです。

洗剤は基本的に使いません。パウダークリーナーと呼ばれる、洗剤分の含まれた粉をまいて汚れを吸着させ、専用の機械でブラッシングし、バキュームで回収する方法で清掃を行います。

このバキュームがけひとつとっても、作業周期やパウダークリーナーの量、作業時間などをコンピュータで管理し、カーペットの状態を点検した結果と照らし合わせて、業務改善に役立てています。

カーペットの汚れは、洗剤を用いて洗えばきれいになりますが、どうしても洗浄汚水は一〇〇パーセント回収することができません。残った洗剤分を「残留洗剤」といいますが、残留洗剤は時間とともに汚れを呼び、汚れ具合を加速させることから、できるだけ洗浄液を使わない清掃管理（ドライ管理＝ドライクリーニング方式＝一八四頁に説明してあります）を行っているわけです。

第6章

リサイクルは誰のために

——環境は未来の人類のために

▼業績アップにつながる

さて、ビルクリでいちばん時間がかかるのが、前に述べたように、ゴミの分別回収と廃棄です。どこのビルクリの方も、それは体験されていることでしょう。ようするに、ゴミが無分別のまま捨てられることが最大の問題なのです。

「ゴミ箱をカラにして帰ろう！」

と、ゴミ箱クンの提言がありましたが、こういうようなキャンペーンをはって、定期的に実施していただけるならば、それに越したことはありません。

一日の仕事が終わって「さあ帰るぞ」と、上着をきてカバンをもち、エレベーターにいざ向かわんとするそのときです。

ちょっとだけ歩を止めて、自分のゴミ箱をつかんで、ゴミ集積所に運んで行きましょう。そこで、リサイクルの可能なゴミがあるか、すなわち、ゴミ箱の中に、缶やビン、ペットボトル、新聞、雑誌、コピー用紙、ダンボール箱などがあったら、それらを分別しながら、それぞれの「専用ボックス」に入れましょう。

その他、可燃ゴミは可燃ゴミ入れに、プラスチック弁当箱などの不燃ゴミなら、その専用ボックスに入れます。所要時間はほんの一～二分です。簡単なことです。

しかし、各人が一人でやれば一～二分ですむことですが、ビルクリスタッフが二〇〇個のゴミ箱を二人で分別・回収すれば、これが一時間もかかってしまうのです。

ということは、私たちビルクリが毎朝、ゴミ回収をするとき、もし、ゴミ箱がカラになっていれば、ゴミ回収の一時間がはぶけることになります。すると、その蓄えられた一時間を、バキュームがけ、拭き掃除、シミ抜きなどに使えることになります。

もしこういう状態が一ヵ月も続けば、オフィスは見違えるように清潔になります。もちろんカーペットの痛みも少なくなりますし、ダニの発生も予防できるでしょう。

その上、いつも清潔なオフィス環境が維持できることになるわけですから、来客にも好印象を与えることになります。もちろん仕事の能率だって上がります。業績アップにもつながるでしょう。

一～二分でできる業績アップの秘訣は、意外に身近で、かつ簡単な心遣いにあるということを、企業の経営者のみなさんや、オフィスで働く社員のみなさんに、ぜひ教えていただければと思います。

▼地下三階はいつもピカピカ

恵比寿ガーデンプレイスタワー（ＹＧＰＴ）の地下三階には、数社のビル管理会社の事務所と、リサイクルゴミを保管する「リサイクルルーム」があります。私が所属していたビル管理会社の事務所もこのフロアにありました。私が毎朝、五時四〇分に出社していた事務所はここでした。

朝の六時までには、他の数社の事務所にも、ぞくぞくとビルクリスタッフが出社してきて、「おはようございます！」という元気な挨拶が飛び交います。ＹＧＰＴクラスの巨大ビルになると、ビルクリスタッフが結集する早朝六時は、まさにラッシュアワーといえるでしょう。

さて、いつの頃からか気がついたことでしたが、ここ地下三階の通路は、他のフロアと比べて一段とキレイでした。通常、私たちビルクリスタッフや、テナントに荷物を搬入したり運び出したりする業者の人などが出入りする〝裏側〟のオフィスや通路というのは、〝表側〟の〝お客様用〟のフロアと比べれば、暗くて、どちらかというと薄汚れているように連想しがちですが、ここ地下三階は、そうではなかったのです。

つまり、いつもバキュームがけやモップがけが見事に行き届いている上、ゴミ、チリなどがひとつもありません。コンクリートの床はいつもピカピカです。それであるとき、

「ここは、誰か掃除しているのですか?」

と、マネージャーに聞きました。

「ああ、ここ?　いつもリサイクルルームにいるKさんですよ」

という返事でした。そういえば、私もリサイクルルームでよくKさんを見かけたことがありました。それで、ある日とうとうKさんに話しかけてみました。

「いつもご苦労様ですね。ここリサイクルルームや通路がいつもキレイなので、誰が掃除しているんだろう、と感心していましたが、Kさんがされていたんですね」

と、正直なところを話してみました。すると、

「そりゃあキレイな方が気持ちいいですものね。ビルクリスタッフが使っている部屋や通路がキタナかったら、お客さんに信用してもらえませんからね」

と、Kさんは当然のように答えました。

それ以来、通路や給湯室などで掃除しているKさんと出会うと、必ず一言、二言、会話をするようになりました。

▼何のための、誰のためのリサイクル？

ある土曜日の昼休み、Kさんにお願いして、取材の時間をいただきました。そのときの会話を以下に収録します。

Kさん　「主人が経営していた会社が、このところの長い不況で倒産してしまったんですよ。それで私も仕方なくこの仕事をすることになったんですけれどね。それにしても、毎日、毎日よくもまぁこんなに多くのゴミが出るもんですね」

豆鈴木　「そうですね。このリサイクルルームに運ばれてくるゴミはその一部で、ここの何倍かのゴミが可燃ゴミとして捨てられてしまうんですよね」

Kさん　「そうなんですよ。キチンと分別されれば、この部屋にくるリサイクルのゴミはもっと多いのでしょうね。でも、スタッフのみなさんがキチンと分別するとなると、やたらと時間ばかりかかってしまって他の作業ができないでしょうから、そこまではできないんでしょうね」

豆鈴木　「そう思います。だから結局は社員のみなさん一人ひとりが、リサイクルの重要性をもう少し理解してくれれば、ゴミの分別・廃棄をしようという気にもなるのでしょうが、残念ながら、そんな教育は、きっと学校教育では受けてきていないでしょうから、そのまま大きくなって、会社に入って来たのでしょう。それでも、新入社員教育で、そこらへんの意識をしっかり教え込んでいれば、もう少し事態はよい方向に進んでいるのでしょうけれども。まぁ仕方ないですかね」

Kさん「ここリサイクルルームにもち込まれるゴミでも、本当にもったいないと思うものが多いのでビックリします」

豆鈴木「リサイクルというのは、何のため、誰のために必要なのかを、学校教育でも、社員教育でも、もっと徹底して教育すべきですよね」

Kさん「そうですね。紙をどんどん使い捨てにするから、地球上の樹木がどんどん伐採され、森がなくなっていき、ひいては地球温暖化の原因になっているとよくいわれますね。資源の再利用のためには、やはりリサイクルは必要なんだということを、全社員にもっと理解させる努力をすべきなんでしょうね」

豆鈴木「リサイクルというのは、われわれ人類の子孫のため、そして地球上に生息するすべての動植物のため、そして水と緑のあふれる、かけがえのない星・地球のために必要なのだということを、ビルクリスタッフをはじめ、オフィスで働くすべての会社員・

役員のみなさんにもっと理解いただけたらと思います」

Kさん　「大げさなことを言うと、まさに『緑の星』のための、リサイクルなんですね」

豆さんのギョーカイ豆知識 その4

YGPは未来型エコ基地だった!

私がビルクリをしていた恵比寿ガーデンプレイスタワーのある、いわゆる恵比寿ガーデンプレイス(YGP)には、「ゴミ空気輸送設備」というスグレモノの設備があります。この設備は、粗大ゴミを除くすべての廃棄物(ゴミ)を空気輸送で一ヵ所に集めて処理しようというものです。

これがあることによって、ガーデンプレイス施設内を、東京都のゴミ回収車が走り回る光景を見ることがないのです。このようなインフラが整備されているYGPは、さすが環境に配慮した都市型タウンの未来型モデルなのだなと思います。

そのYGPでは、年間約五、〇〇〇トンのゴミが発生します。五、〇〇〇トンというと、大きな一〇トントラックが五〇〇台だと想像してください。さて五、〇〇〇トンのゴミの内訳はいろいろですが、まず事業系のゴミとしては、私がビルクリをしていた恵比寿ガーデンプレイスタワーのようなオフィスから出る一般廃棄物があります。年間約二、五〇〇トンほどです。この他の事業系のゴミとしては、産業廃棄物が約二五〇トンほどで、粗大ゴミは約二一〇トンほどです。

また、住居棟やホテルがありますから、家庭系のゴミもかなりあります。可燃物のゴミが約二七〇トンで、不燃物のゴミは約五〇トン弱です。

またYGPにはレストラン街があり、ここから年間約一、一〇〇トンもの生ゴミが発生しています。微生物を使った生ゴミ処理機も導入され、多くの生ゴミが処理されています。

この他、YGPには、年間一、三〇〇万人もの人が訪れるわけですから、それ以外のさまざまなゴミが発生するわけですね。人が集まるところは、ゴミも溜まります。このようなことで、年間五、〇〇〇トンものゴミが発生するわけですね。

これらはすべて右の「ゴミ空気輸送装置」で一ヵ所に集められて分別処理されます。

さて、これらのゴミ（廃棄物）のうち、紙・段ボール・ビン・缶・ペットボトル・廃油などのリサイクルされるものの総量は、約一、六〇〇トンほどです。リサイクル率は三〇パーセントを超えます。

しかしこのような多量のゴミが発生しても、YGPのように、ゴミ処理システムが充実しているといないとではかなり違ってきますね。

ゴミの空気輸送システムというのは、外界と遮断された管路を通して、空気を使ってゴミを収集する仕組みです。いわゆる「ゴミ集積所」にずーっとゴミを放置していることがありませんから、臭気が発散することがなく、カラスが散らかすこともなく、またゴミの汚汁が出て集積所が汚れてしまうというようなこともありません。それに、ゴミ回収車が施設内をぐるぐる走ることもないですから、そのぶんの排気ガスも抑えられます。

つまり、いつも衛生的な環境を維持できる配慮がなされているわけですね。

ゴミを処理するシステムを

ＹＧＰのように、ゴミ処理の意識の高いタウンは、これからもっとふえてくると思います。たとえば、千葉のとある市の駅周辺には、企業の電算センターや研修センターが多く集まっているのですが、ここは「電柱のない町」「清掃車が街中を走らない町」を目指しているそうです。

ここの企業から出るゴミのほとんどは、地下にある「空気輸送装置」で集積所へ送られます。企業タウンですから、一日に数トンものゴミが出るそうなので、このようなシステムがあることは大きな強みです。

どのようなゴミが多く出されるのかは、その建物の種類によって異なりますから、それに対応したシステムづくりが必要になってきます。

ある有名企業の本社ビルにおけるゴミの排出量は、年間約三〇〇トンだそうですが、そのうちの約八割が「紙」ゴミだそうです。当然、リサイクルボックスの活用により、分別された事務用紙などの「紙ゴミ」は、その約八三パーセントがリサイクルされているそうです。もちろん、両面コピーや裏面使用などはいうにおよばずです。

一方、約七〇の飲食店舗が入っている、お台場のあるグルメ街では、一日に約二トンもの「生ゴミ」が発生するそうです。ちなみにここで発生する一般廃棄物の約半分がこの生ゴミだそうです。そしてここでも、微生物を利用したバイオ式の生ゴミ処理機を導入しています。

このバイオ式生ゴミ処理機によって、生ゴミたちは一二時間かけて発酵させられて、約一五パーセント減量させられます。こうして生まれた生成物は、堆肥《たいひ》化施設に運ばれて、約三ヵ月かけて再び発酵させられます。このような一連の行程を経て、生ゴミたちは「有機肥料」へと生まれ変わるのです。

ビル建物施設に関わる企業がこのような環境意識をもつならば、それはその土地のみんなから喜ばれることになり、みんなから愛される企業になるのです。

第７章

整理整頓がすべての基本

――バキュームこそオフィスの命

▼君こそわが命

第二次世界大戦で敗れた日本人の心を慰めたもののひとつに〝歌謡曲〟がありました。当時、ラジオから流れてくる歌声に、多くの人は心を癒されました。同時に、勇気を与えられました。やがてテレビの時代になると、歌謡曲はさらに多くの国民の娯楽として定着していきました。

私も、暮れの風物詩として、ＮＨＫの「紅白歌合戦」と「日本レコード大賞」を楽しみにしていたものです。第一回「日本レコード大賞」（昭和三四年）は、水原弘さんが歌った『黒い花びら』という歌でした。

水原さんは、若くして亡くなってしまった（1935～1978）ので、多くの歌は残しませんでした。その水原さんの歌の中で、とくに私が好きな曲は『君こそわが命』（作詞・川内康範／作曲・猪俣公章　昭和四二年）という歌です。その歌詞の中に、次のようなくだりがあります。

汚れ　汚れて　傷ついて

死ぬまで逢えぬと　思っていたが
けれどもようやく　虹を見た
あなたのひとみに虹を見た
君こそ命　君こそ命　わが命

さて、ビルクリの話に戻ります。前に述べました「ビルクリ入門四点セット」の二番目は「バキュームがけ」です。

「バキューム」といっても、ビルクリ業界の人だったらおわかりでしょうが、一般の方には何のことかわからないかも知れないので、ちょっとだけ説明をしましょう。

「バキューム」というのは、正しくは「Vacuum Cleaner」のことです。日本語でいえば「真空掃除機」となります。いわゆる「掃除機」のことです。一般のご家庭では、電気掃除機といいますね。しかしこの業界では「バキューム」と呼んでいます。

「バキュームは、そのやり方によって、カーペットの寿命を長くするか、短くするかの鍵を握っています。だからバキュームがけは重要な作業なのです。ですから、ていねいに、そしてしっかりやってください」

恵比寿ガーデンプレイスタワー（ＹＧＰＴ）でビルクリをはじめた頃、マネージャーのＳさんは、このように「バキュームがけの重要性」を力説していました。いずれにしても、オフィスにとって、カーペットというのは、大勢の人間（社員・来客・作業員）が毎日、土足で頻繁《ひんぱん》にその上を歩行するものです。

これはもう「汚れるな」という方が無理な話です。どんなに上品に歩いても、日が経てば、汚れたり傷ついたりしてきます。現在のオフィス・カーペットの耐用年数は、約一〇年というのが相場です。ということは、私たちが担当していたＹＧＰＴは、当時でもう築八年が経っていましたので、フロアによっては、もう限界というカーペットがほとんどではなかったでしょうか。

その前年の暮れに、共用スペースの通路のカーペットが、すべてはり替えられたのですが、この事実をみても、一〇年という耐用年数は、多忙なオフィスの場合、むずかしいのだろうと思います。

とくにテナント企業にとっては、カーペットのはり替えは莫大な費用と時間がかかりますから、はり替えが必要だとわかって（認識されて）いても、なかなか決断できないものなのです。

先に「君こそわが命」という歌のことを紹介しましたが、とくにテナント企業にとって、ビルクリの「バキュームがけ」こそ「わが命」となるのです。つまり、ビルクリには「バキュームがけをていねいに、しっかりとやって欲しい」という注文がついてくるわけです。

▼バキュームがけしやすいオフィスづくりを

このような「バキュームがけの重要性」については、オフィスを管理されているセクションの人をはじめ、働いている社員のみなさんも、あまり認識されていないようですね。ご自分の家（部屋）なら、ゴミ箱の分別・廃棄や、掃除機がけをコマメにやるという人でも、オフィスのこととなると、どういうわけか、トタンに無頓着になってしまう人が多いように思います。

さて、ビルクリスタッフが「バキュームがけ」をするとき、いちばんスタッフを困らせるものは何でしょう？　その一番目は、バキュームが〝通りにくい〟オフィス・レイアウトであり、その二番目は、バキュームの進入を拒むかのような机のまわりの〝乱雑さ〟なのです。

ひとつ目は、設計&施工上の、あるいは空間コーディネートの問題ですが、ふたつ目は、社員のみなさんの〝整理整頓の習慣〟の問題です。

「YGPT」では「掃除専用」の電気コンセントが、どのフロアでも、出入口のドアの脇にあります。ビルクリスタッフがバキュームをかけるときは、このコンセントにコードをつないで、バキュームをかけます。

何が言いたいかというと、ここからコードをうんと延ばして作業をするわけで、とても作業がやりやすい環境とは言えないのです。もっとも、いずこのオフィスも、「掃除のしやすさ」を考慮して設計されているわけではないと思います。

細かく間仕切りされた迷路のようなレイアウトのオフィスもあれば、オフィス内に真っ直ぐに入れないように、カウンターで仕切られたレイアウトのオフィスもあります。「もっとオフィスの清掃のことを考えて、設計してくれる建築士はいないのか！」

と、グチのひとつも言いたくなります。これはオフィスに限ったことではありません。マンションも同じです。デザイン志向（優先）のマンションは、往々にして、排水が悪いなど設計上の不備があったり、施工上のミスがあったりするものです。

これからビルをつくろうという人たちには、ぜひとも「掃除のしやすさ」や「環境」をよく考慮した設計や施工を希望したいと思う次第です。

▼幅四〇センチのバキュームが通れない！

次に、社員一人ひとりの「整理整頓」の問題です。

おそらく、社員のみなさんの意識の中には、自分の職場は「ビル清掃員が、毎朝、バキュームがけをしている」という認識などほとんどないのではないかと思います。一般に、ビルクリーニングをはじめ、ビルメンテナンスの世界というのは、ふだんビルにお勤めされている会社員のみなさんの〝無意識の世界〟に存在しているといえます。

自分が毎日仕事をしている職場＝ビルが、どのように管理＆清掃されているかなど、総務部の人でないかぎり、そうそう意識するものでもありません。それほど、ビルクリスタッフの〝存在感がない〟といえばそれまでですが……。

話を元に戻しますが、バキューム（掃除機）というのは、道幅が四〇センチもあれば通れます。だから、オフィスが狭いといっても、まず問題はないはずです。ところが、オフィスの通路には、ダンボールが置いてあったり、書類が山と積まれていたり、荷物がころがっていたりして、四〇センチのバキュームでさえ通れない通路がそこかしこにあります。

また、机の前までは行けても、机の下に、書類のぎっしりつまったダンボールが置いてあったりすると、もうバキュームがけなどできません。そういう机もたくさんあるのです。

こうして、せっかくていねいなバキュームがけをすることで、カーペットの寿命を少しでも長くしようと決心しても、オフィスの方からこれを拒否されると、もう「どんどん汚れ、傷つき、ダニの巣のようなオフィス」になっていくのは目に見えています。

ビルクリスタッフにとって「バキュームがけ」は、いくらでも時間調節が可能な作業です。前にいいましたように、「ゴミ回収」の状況によっては、時間をたくさんかけることもできます。

その「ゴミ回収」では、ひとつの取り残しがあっても、点検時に必ず発見して、回収することが可能です。「やったこと」が、目に見える形で残ります。

しかし、「バキュームがけ」は、「目に見えないホコリ」や「微細なゴミ」が相手ですから、点検しても、一見しただけでは、バキュームがけがよくなされたのかどうか、わかりにくい点があります。

ですから、バキュームの通れない通路や、荷物でつまっている机の下は、〝手抜き〟ではなく、ほとんどバキュームがけができていない状態のままです。しかしこれも一見しただけでは、よくわかりません。

ところが、高温多湿の梅雨どきや夏場になると、そこにたまったホコリの塊や、書類のつまったダンボールなどは、ダニの格好の住処《すみか》と化します。結果的に、ダニ・アレルギーなどのアトピー症の原因にもなります。

▼ビルクリのしやすいオフィス・レイアウト

オフィスを管理されているセクションのみなさん、そして社員のみなさんは、ご自分のオフィスの中や通路、机の下、そしてそのまわりを、「四〇センチのバキュームがスムーズに通れるか」という視点で、もう一度、見直していただきたいのです。バキュームがけがしっかりできているカーペットは、清潔で長もちします。ダニの巣窟《そうくつ》にもなりませんから、アトピーになったりしません。

前に「ゴミ箱をカラにして帰ろう！」キャンペーンをしてくださいと申しましたが、これとともに、「バキュームがけがしやすいオフィス・レイアウト」と「机の下、まわりの整理整頓！」のふたつのキャンペーンを実施いただくように強くお願いしたいと思います。

そうすれば、二〜三ヵ月でオフィスは見違えるように清潔になります。もし、今からカーペットはり替えを予定されているオフィスがあるなば、右のふたつのキャンペーンの徹底と、ビルクリがしやすいレイアウトをぜひともご考慮いただきたいと思います。

ここからは余談ですが、カーペットというと、私たち日本人にとっては、どうしても「絨《じゅう》毯《たん》」というイメージ、つまり〝高級〟というイメージがあります。ですから、カーペットが敷いてあっても、どうもその上を歩くのに抵抗感をもつ人がいます。

気持ち的には、靴をぬいでからその上を歩いた方がいいのではないか、と迷ってしまいそうです。当然、カーペットの上はきれいであるという認識があります。

「カーペットを汚すなんて、とんでもない」

という心境でしょうか。ところが、欧米人は違います。靴をぬぐ習慣のない欧米人にとっては、カーペットの上だろうが、紅い絨毯の上だろうが、〝靴をはいたまま歩いて当然〟と考えます。ですから、カーペットは汚れて当然であるから、清掃をよくしなければならないと考えます。

外資系の企業が多いＹＧＰＴでも、そのことは見てとれます。

日本は「畳の文化」であり、そこから「カーペットは寝ころぶもの」すなわち「ベッドに近いもの」という意識があります。そう考えると、カーペットは、やはり「衛生的であらねばならない」と考えるのがふつうです。

にもかかわらず、欧米人に比べて衛生観念が少ないのはどういうことでしょうか。このようなことからも、バキュームがけはとても重要なのです。

▼ビルクリには「払いと拭き」がまずありき

これまで、ビルクリ入門四点セットである「ゴミ回収」「バキュームがけ」「点検」「ゴミ下し」について、お話ししてきました。

ところが、ある日、毎朝一緒に清掃に入る女性のSさんから、

「豆さん。ビルクリの基本には『払い』と『拭《ふ》き』もあるんですよ」

という注意を受けました。

なるほど、彼女たちの作業をよく見ると、タオル、毛ばたき、化学雑巾《ぞうきん》などの「『払いと拭き』の道具一式」を手にもって、ゴミ回収の私たちと同じように、オフィス内を足早にまわって、手早く作業を行っています。

彼女たちは、会議室のテーブル、役員室、管理職席、社員の机、キャビネット、コピー機、扉など、ありとあらゆるところに「毛ばたき」をかけ、「タオル」「化学雑巾」を手際よく走らせます。これを見ていると、

「そうか！　小学生の頃、教室をみんなで掃除する時間があったけれど、そういえばまず『はたき』をかけて、次に『ほうき』ではいて、そして『雑巾がけ』をして、最後に『机と椅子の整頓』という手順でやっていたんだよなあ」

と、思い出しました。

「オフィスの清掃であるビルクリにも、この原則は生きていたんだ」

と、この歳になってからやっと気がついた豆なのでした。

Sさんからは、こうして「払いと拭き」の清掃手順の「いろは」を教わりました。

たとえば、「上から下に、奥から手前に」という原則があります。高いところから低いところへと、つまり上から順にホコリを払い落とすことですね。また、拭き掃除のときは、奥から手前に向かって作業をします。

教えられた通りにやっていると、いつしか自然にそんな動きをしている自分に気づいて感心したりもしました。

▼バキュームがけは「点検も兼ねる」

オフィスによっては、社員にゴミの分別を徹底させているところもありますが、残念ながら、私が勤めていた恵比寿ガーデンプレイスタワーのオフィスでは、私たちビルクリスタッフが、ゴミ箱からのゴミ回収をした後で、ボックスの前に行き、可燃・不燃・缶・ペットボトル・ビン・雑誌・新聞・OA紙・ダンボールといったように「分別」をしました。

分別をすませた後で、運搬用コレクターに積みこんで、業務用エレベーターの前に運び終わると、ゴミ回収の作業は一段落します。そして次に「バキュームがけ」に入るというのは、前に述べた通りです。

さて、このときもうひとつ重要な作業が加わります。「点検」です。オフィス内でも通路でも、カーペット面をバキュームがけするときには「満遍《まんべん》なく」が原則です。目に見えるゴミはもちろん、見えないホコリも相手ですから、隅々まで、カーペット面をしっかり見ながら、バキュームをかけることになります。

このとき、もう一度オフィスの中をまわることになるわけですから、うっかり取り残したゴミ箱があれば発見することができます。もちろん、カーペットについたシミや汚れも見つけます。じつはこれがバキュームがけにおける、もうひとつの重要な作業である「点検」なのです。

もちろん、バキュームがけの作業が終了した段階で、もう一度、念のための「点検」をします。これをもってオフィス内の作業が終了することになります。

その頃になると、オフィスには社員の方が一人また一人と出社され、エアコンのスイッチが入ります。そうです。夏場は、やっと涼しくなってくるオフィスを後に、ビルクリの熱き闘いである早朝作業が終了します。

灼熱の季節は、ビルクリ試練のとき。冷たい水が何よりのご馳走です。

豆さんのギョーカイ豆知識 その5

生ゴミは強敵だ！

日本人が一年間に出すゴミ（一般廃棄物）の総量は、約五、三〇〇万トンにもなるそうです。その約三七パーセントが生ゴミだそうです。つまり一、九四〇万トンもの生ゴミが、一年間に発生するということです。そのうちの約五〇パーセント以上が、家庭から出されるそうです。ですから、ともかくも生ゴミに関しては、各家庭で対応していくことを考えるしかないわけです。

生ゴミというと、家庭と同様に、飲食店がすぐに思い出されます。ふつうのファミリーレストランの規模で、生ゴミの量は、一日に五〇～六〇キログラムだそうです。やや大型の居酒屋や鍋物を出す店で一〇〇キログラムほどだといわれます。

これに対して、一般家庭の場合は、四人家族で一日平均一～一・二キログラムほどだといわれていますから、規模的にはもう五〇倍～一〇〇倍の違いです。

ちなみに、日本の事業系の食品廃棄物の総量は、年間八七〇万トンほどです。もの凄い量ですね。

さて、生ゴミというと、バイオ処理でその多くがリサイクルされているかのようなイメージをもっている人がいますが、じつはまだその多くは焼却されたり、埋められたりしている状態なのです。意外にリサイクルが進んでいない分野ですから、これからもっと各人の意識が高まればいいですね。

ゴミ戦争

右に述べましたように、日本国民は一年間で、五、〇〇〇万トン以上ものゴミを出すのです。なんと東京ドームの一三五杯ぶんなのだそうです。これを平均すれば、一人が一日で出す量は一キログラム強ほどだそうです。ゴミは、焼却したり、粉砕したり、リサイクルしたりするうちに、元の量の三〇パーセントまで減らせるのだそうです。しかしそれでも、東京ドーム四〇杯です。

このように単純にゴミの膨大な量を想像するだけでも、意義は大きいと思います。だからあえて述べました。

さて、この一般廃棄物とは別に、工場などから出る産業廃棄物というのがあります。こっちの方は三億九八〇〇万トンほどもあるといいますから想像を絶する量です。一般の廃棄物の約八倍近い量ですね。日本はいつの間にか、狭い国土なのに「ゴミ大国」になってしまったようです。

第8章

コンクリートジャングルの悲劇

――ビルが地球環境を悪化させている

▼加速するヒートアイランド現象の対策は？

昨年（二〇〇二年）は、梅雨明《つゆ》け前に、台風六号、七号が相次いで襲来し、日本列島を水浸しにしてしまいました。近年、「梅雨入り」と「梅雨明け」がハッキリしないといわれていますね。テレビの気象予報でも「梅雨が明けた模様」というような曖昧《あいまい》な表現のアナウンスしかしません。

昨年は、この曖昧なアナウンスがされた途端、猛暑が襲来しました。昨年、一昨年と「猛暑だったなぁ」という印象をもっておられる方が多いと思います。とくに首都圏にお住まいの方は、

「東京の夏は、毎年、温度が上昇しているんじゃないか！」

と感じておられるようです。

昨年の夏、私は毎朝、恵比寿ガーデンプレイス（ＹＧＰ）に通っていました。あの周辺は、比較的緑の多い地域です。エリア内には多くの木々が配置され、周辺の道路は街路樹で囲まれています。また、小さな水辺や公園なども配置されています。

しかし、この程度の緑や水では、もう役に立たないほど、昨年は酷暑の洗礼を浴びました。

灼熱の太陽が、アスファルトの車道、タイル貼りの歩道、高層ビルの外壁、マンションの石壁に容赦なく照りつけました。

すると今度は、それらの道路やビル壁から発生するおびただしい放射熱が、さらに大気を熱していきました。その上、首都圏にそびえる高層ビルをはじめ、累々《るいるい》たる数のマンションやオフィスビルからは、エアコンの排熱が野放図に排出されていました。

道路からは、車の排気ガスとエンジン熱が無限に放散され、これに路上を歩く人々から発する二酸化炭素と体熱もブレンドされ、コンクリートジャングル・東京の空は、異常なほどの暑さに覆われてしまいました。

都会のビル群は、ちょうどカーペットにたとえられます。ふつうの床の場合は、平面ですから、ホコリや汚れがとれやすいですね。しかしカーペットは、顕微鏡で拡大して見ると、凸凹のあるいわゆる「立体面」をもっていますから、ゴミやホコリや汚れを、その立体面の中に隠してしまいます。

同じように、野原（平面）に降り注いだ熱は、反射するように排熱されます。しかしビル群に降り注いだ熱は、その立体面が熱をため込んでしまいますから、ビルの谷間にたまった熱は大きくなります。

このように、まるで東京の上空を、すっぽりと熱気のドームが覆ってしまったような感じでしょうか、熱の逃げ場がなくなったので、夜になっても、一向に気温が下がりません。もう毎晩、熱帯夜が当たり前という状態です。

まだあります。空高くそびえるガーデンプレイスタワーには、外資系の企業が多いことと関係があるのかどうかわかりませんが、私たちの出勤時である早朝の五時半頃でも、オフィスの電気がコウコウと灯《とも》ったままのフロアがけっこうあります。みなさん、昼夜兼行《ちゅうやけんこう》・夜討ち朝駆けで仕事をされているのか、欧米人には無駄遣いの観念がないのか、消費第一主義の精神が旺盛なのか、あるいはセキュリティーのつもりで電気をつけっぱなしにしているのかわかりません。これでは、エネルギーの無駄遣いのそしりをまぬかれません。

電気がついているだけじゃありません。これらのオフィスでは、たとえ社員がたった一人で残業していても、オフィスのエアコンはつけたままです。すると、エアコンの排熱は、昼だけでなく、夜通し外気を温めていることになります。

こうして、電力の消費量はもの凄い量になるでしょう。

これが近年、大都市部で問題になっている「ヒートアイランド現象」です。専門家の予測では、数年後には、東京の夏は毎日が四〇度の灼熱地獄になるだろうと、いろいろな数値をもとに警告を発しているほど、深刻な事態だということができます。

▼酷暑との壮絶な闘い

さて、ビルクリスタッフも、このシーズンは酷暑との闘いです。オフィス内の清掃を担当するスタッフはまだ恵まれていますが、外回りを清掃するスタッフは、周囲の焼けつくような暑さにさらされながらの作業になり、まさに酷暑・炎暑との闘いだと申してよいでしょう。

日中は、舗道の石やタイルの壁は、ゆうに三八度はありますし、アスファルトの地面に到っては四五度にも上昇するということです。まるで熱した石鍋の上での作業が強いられているようなものです。

というより、四方八方、熱したコンクリートの箱の中で、作業をしているわけです。これで熱中症や脱水症にならない方が不思議です。連日、倒れるスタッフが何人もいるという話です。

では、私たちオフィス内の清掃スタッフはどうか。

私たちが出社する五時半頃には、まだ全館にエアコンが入っていません。幸い、管理会社の部屋や更衣室にはエアコンが入っていて涼しいのですが、共用スペースである地下通路、業務用階段、エレベーターなどは、エアコンの設定温度を高くしているせいもあって、暑いトンネルと化しています。

担当のオフィスの方も、六時の清掃開始の時間帯には、もちろんエアコンなど入っていません。月曜日は一層、暑さを感じます。これは、土日の二日間、灼熱の太陽光線が窓から強烈に照射してくるビル内部では、その熱気が充満している上に、エアコンによる排熱がストップしているからでしょう。

いずれにしても、室内温度が三〇度を超す日もしばしばです。たまに、徹夜作業のために社員が朝まで在席しているときがありますが、このときはエアコンが効いているので、思わず「ラッキー」と思ってしまいます。本当は、こんなことではいけないのですが……。

三〇度を超す室内での「ゴミ回収・バキュームがけ」の二時間は、厳しい暑さとの闘いでもあります。

▼熱を発する都市

これは恵比寿だけのことではありません。丸の内、新宿、渋谷、池袋、新橋、品川、銀座……東京のあちこちで起こっている現象です。そして大阪、名古屋、横浜、神戸、札幌、福岡、仙台でなども事情は同じでしょう。

大都会というのは、莫大なエネルギー消費地帯です。その元凶のひとつは「ビル」にあります。エアコン、照明をはじめとした電力（電気動力）が、二四時間休むことなく消費されているからです。

地球環境というと、工場からの有毒廃棄物質、車の排気ガス、家庭から出るゴミなどをすぐ連想されると思いますが、じつはオフィスの入っているビルから出される膨大なゴミや電力消費の問題は、深刻なレベルにあるのです。

電力消費の社会は、地球環境保護という視点から見ると、日々マイナスのことをしているわけですね。これにゴミとリサイクルの問題が加わるとなると、オフィスビルというのは、地球環境を考える上ではずせない問題なのです。

しかも都会は、アスファルトとコンクリートのジャングルです。路面には、おびただしい数の車が、排気ガスと熱を放射しながら氾濫《はんらん》しています。これに夏の灼熱の太陽光線が加わるわけですから、ヒートアイランド現象、いわゆる温暖化現象は、確実に私たちにとって切実な問題となってきているのです。

ビルクリは、日々このことを切実に実感している人たちなのです。

豆さんのギョーカイ豆知識 その6

オフィスの環境意識をもとう

本文の中で私は、ビルにオフィスを構える会社の社員のみなさんには、ぜひ「ゴミ箱をカラにして帰ろう!」キャンペーンを実施していただきたいと書きました。なぜなら、オフィスで仕事をする人たちの誰もが、まだまだ環境問題をよく理解しているわけではないからです。

どうしても、仕事をしている人は忙しいものです。「ゴミの分別なんて、やってるヒマないよ」と泣きつかれそうです。しかしこればかりは、地球環境、つまり人類の未来にもかかわることなので、「みんなのためだから」と思い直して、一、二分、時間をとってゴミ分別をしていただけたらと思います。

オフィスで出るゴミの最右翼は「紙」です。その多くがOA紙や新聞、雑誌の類《たぐい》ですが、日本中のオフィスから毎日、膨大な量の紙が捨てられています。

しかも現在のところ、この膨大に廃棄される紙のすべてが再利用されているわけでなく、いわゆる「ゴミ」として捨てられているのです。リサイクル用紙となるべきOA紙（書類）や新聞、雑誌などが加わった「廃棄紙」で、ギュウギュウづめになったゴミ箱がいくつもあるのが現実です。

紙は何でできるの？

四年ほど前の調査（一九九九年）ですが、わが国で一年間に消費される紙の総量は、約三、〇五四万トンもあるそうです。これは米国や中国に次いで世界第三位の多さです。国民一人あたりに換算すると二三九・二キログラムで、これは世界第七位の多さです。一方、紙の生産量は、アメリカについで世界第二位だそうです。

日本は大変な「紙の消費国」です。しかしリサイクル紙、いわゆる古紙の利用率では、五六・一パーセント（一九九九年）と、日本は世界の先進国なのです。

さて、私たちに日本人が、日頃からとてもお世話になっている「紙」ですが、紙はいったい何からつくられるのでしょうか？

「そりゃあパルプに決まっているだろう！」

とお叱りを受けそうですが、ではパルプは何からつくられるのかというと「古紙」と「木材」のふたつからです。右に述べましたが、日本でつくられる紙の六〇パーセント近くが「古紙」を利用してつくられます。残りの四〇パーセント余りが「木材」からつくられます。すると、「紙をつくるために、木をたくさん伐採しているから、森林破壊であり、環境破壊の急先鋒だ」と考えがちですが、日本の製紙業者もそこはちゃんと考えているようです。もともと紙というのは「植物の繊維」でつくられます。繊維があれば、どんな植物からでも紙をつくることは可能だということです。紙をつくるのに木材が使われるのは、一度に大量の繊維を取り出せるからなのです。

製紙会社が使う木材の大部分は、建築材などに使われるいわゆる「材木」を取り出した後に残った部分です。木材の表皮の付近ですね。残骸のような部分です。

この他、使いものにならない木といっては語弊がありますが、森や林に行くと、材木としては不向きな細い木や曲がった木、あるいは芯の腐った木や風雪で倒れた木などがありますね。これらの製材に向かない木を、天然林低質材といいます。

また一方、〝人工的に森をつくる事業〟があちこちで展開されています。これはいわば「木の畑」のようなもので、これは森が再生するばかりでなく、定期的に植林を繰り返すことで、木材の供給を安定的に確保するものです。

これは「植林木」事業とよばれ、大手の製紙会社では積極的に進められている事業です。もちろん、この植林木から、材木だけでなく、紙の材料であるパルプがとれるわけです。

ちなみに、植林木によって森林が増え（回復す）れば、木は光合成をしますから、二酸化炭素を吸収するでしょうし、荒廃地の緑化により、生き物が棲息《せいそく》しやすい環境ができますし、水資源を涵養《かんよう》することができるでしょう。

古紙利用の歴史

古紙の再利用というと、最近のような印象を受けますが、じつは日本では平安時代からあったようです。当時、古紙を漉《す》き返した紙は「薄墨《うすずみ》紙」とよばれていましたが、それは脱墨《だつぼく》技術が未熟だったからだといわれています。

江戸時代は、漉き返しの紙として「浅草紙《あさくさがみ》」が有名でした。とはいえ、本格的に古紙が利用されるようになったのは戦後のことです。まず新聞の古紙を板紙（ダンボールなど）の原料として使うようになってからのことだそうです。

今では新聞の発行量の約九三パーセントは古新聞として集められて、紙の原料となっているようです。このように新聞に関しては、古紙の再利用がかなり浸透してきているのです。いずれにしても、オフィスで働くみなさんに実施していただきたいのは、ゴミの分別を徹底していただくことです。

紙というのは、再生に適した資源です。前に述べましたように、紙は植物繊維でできています。植物繊維は、水中で簡単にほぐれて、分散してしまいます。これを重ねてまた乾かすと、そのままくっついてしまいます。この、分散させてから水をこし、重ねて薄く平らにする作業を「漉《す》く（抄く）」といいます。

古紙も、水中でほぐしてからその繊維を漉きあげるという一連の工程を経ることで、再び紙に生まれ変わるのです。

第9章

ビルクリ現場の声

——クリーンクルーのホンネ

▼仕事は「クリーンクルー」です

　さて、私はいろいろな「集まり」があって自己紹介をするときに、

「私の仕事はクリーンクルーです」

といいます。すると、たいていのみなさんが、怪訝《けげん》そうな顔つきをされます。

「クリーンクルー？　なんじゃそれ？」

という感じです。そこで私は一言、

「掃除のおじさんです」

とつけ加えます。すると、みなさん、わかったようなわからないような顔をして、

「ああ、掃除屋さんですか？」

と聞いてきます。ダスキンの「お掃除サービス」でもやっているのか、というような感じです。そこで、

「いえ、ビル掃除です」

というと、ふたたび怪訝そうな顔つきになり、

「ビル掃除のおじさんが、なんでこんな場所にいるんや？」

といわんばかりの目で見つめられます。そりゃあそうでしょう。最近まで、「掃除のおじさん・おばさん」というような職業は、まるで〝社会の最下層の人〟がやるべき仕事だというような雰囲気があったからです。

私が現役のサラリーマンだった時代、私が勤務していたビルにも、やはり「掃除のおじさん・おばさん」はいました。「掃除のおじさん・おばさん」は、いつも私たちが出社する頃に、ちょうど帰り支度をされていたのです。どこも同じです。

会社員の人たちは、ふだんその「おじさん・おばさん」を、それほど意識することもないのでしょうが、その意識の下で「掃除夫（婦）」を小馬鹿にしているような部分が完全にないとはいえないように思います。

定年退職者が、社会から追いやられてやっている仕事、という印象でしょうか。それはなんとも〝みすぼらしい〟というイメージがつきまとうことは否めません。

「一〇〇歳人生、三期説」で述べましたように、六〇歳を過ぎたあたりから、ようやく人間は円熟してきます。仕事でも人生でも、やっとそのキャリアと経験が縦横無尽に発揮されるべき時期を迎えるのです。

それなのに、六〇歳を迎えたらすぐに「お払い箱」です。企業にとっても、もったいない話です。職人には定年などありません。九〇歳で職人芸を見せる人もいます。でもサラリーマンはそうではありません。

　ということで、少々グチってみましたが、グチったところで、すぐには社会は変化しません。しかし、かつて〝みすぼらしい〟と思っていたその「掃除のおじさん・おばさん」が、今では「クリーンクルー」と呼ばれるようになったのですから、時代の変化を感じざるを得ません。

▼クリーンクルー登場

　では、なぜ「クリーンクルー」なのでしょうか。格好をつけてそう呼んでいるだけなのでしょうか。これには、いろいろな背景があります。ひと昔前までは、ビル管理会社と契約したビル清掃会社が雇った社員やアルバイトの人が、決められたビルの掃除をせっせとやる……この人たちがクリーンクルーでした。

　しかし今は、単に「ビル清掃業務」をやるだけがビル清掃（クリーニング）会社の仕事ではありません。彼らは、インテリジェントオフィスビル、デパート、レストラン、高級マンション、高級ホテル、美術館などに出向いて、そこのエリア全体の美観と保全管理を担《にな》っているのですが、こういうことも、クリーンクルーの仕事になりました。

まぁこれが格好のいい仕事なのか、格好をつけているだけなのか、それはわかりませんが、いずれにしても、仕事の幅が広がってきているのです。

そしてクルーの年齢層もどんどん幅広くなっています。二〇〜三〇代の若手から、四〇〜五〇代の中堅、六〇以上の管理職世代も、この仕事にどんどん参入してきているからです。当然「掃除のおじさん・おばさん」という名称では、おさまりきれなくなってきましたし、実際ふさわしくないのです。

▼ビルメンテナンスという世界

さて、私たち「クリーンクルー」を雇用し、指導・管理しながら営業活動をしている多くの企業があります。それがビル管理（メンテナンス）会社です。すなわち、ビルメンテナンス業界に属する会社だといえます。「豆さんの『ギョーカイ豆知識』」でも説明しましたね。

以前、私は恵比寿ガーデンプレイスタワー（ＹＧＰＴ）の内部清掃を担当しているビル管理会社四社の「クリーンクルー長」のみなさんにインタビューをしたことがあります。クルー長というのは、私たちビルクリスタッフを統括するリーダーのことです。もちろん、クルー長は、ビル管理会社の〝正社員〟であり、だいたい三〇代の中堅社員です。

私が敢行《かんこう》したインタビューでは、みなさんそれぞれに、クルー長としての日々の悲喜こもごもを、主に伺いました。なお、インタビュー取材に応じていただいた四社のクルー長は、いずれもこの業界では中堅から大手に属するビル管理会社の中堅社員です。そして、なぜかみなさん、ハンサム揃《ぞろ》いです。

では、以下そのインタビューを再現してみようと思います。

▼クルー長に訊《き》く

豆鈴木　「どうもみなさん。毎朝、清掃業務ではいろいろとお世話になっています。今日はいろいろお伺いしますので、よろしくお願いいたします。

さて、ビルクリのクルーにもいろいろな人がいるので、指導・管理も大変かと思いますが、みなさんの会社に所属されているクルーの人数や年齢層は、だいたいどのような構成でしょうか。さしさわりのない部分で教えていただけますか？」

Aさん　「私のところは、早朝六時からのクルーが二〇名で、午後三時までの日勤クルーが一二名で、夕方五時からの夜間クルーが八名で、総勢四〇名前後です。

年齢層は一八歳から六五歳まで、じつに多彩です。男女比でいえば、男性四五に対して女性五五です。平均年齢は四〇歳くらいでしょうか」

Bさん「私のところも、人数はAさんのところとほぼ同じですね。年齢層では四五～五五歳が中心ですから、その意味では、年齢層はやや高いかもしれません」

Cさん「私のところも、一八歳から、最高齢者六七歳まで、幅広い年齢層の人がいます。人数は五〇名ほどですね」

Dさん「うちもCさんのところとほぼ同じです」

豆鈴木「YGPTのオフィス内部だけで、四社一八〇名ほどのクルーが従事しているわけですね。他には、外部清掃を専門に担当している会社が五社も入っていると聞いています。そうすると、総勢は数百人単位になるのでしょうね。

さて、一八歳から六七歳までのクルーがいる中で、若いクルー長のみなさんには、これらのクルーを指導・管理するという大事なお役目がありますね。そのときの悩みの一端を一言ずつお話ししていただけますか？」

Aさん「はい。浪人生から大学生、海外からの留学生など、若手のクルーが多いせいか『出勤管理』がいちばんの悩みですね。学生さんは、春・夏・冬の休暇があり、試験があり、部活がありで、どうしても『休み』が多いので、クルーの組み合わせに苦労しますね」

Bさん　「うちも出勤管理には苦労しています。若い人ほど遅刻や休みが多いのはAさんのところと同じですね。それに毎日の組み合わせも工夫が必要です。特に女性のクルーは怖いですから、気を遣いますよ」

豆鈴木　「女性クルーは怖いって、どういうことでしょうか?」

Cさん　「とかく女性はグチや注文が多く、組み合わせの相手次第ではモメる原因となります。気の合う者同士でグループをつくって、別のグループの悪口を言ったり、グループ同士でお互いに中傷し合うなどというケースもままあります(笑)」

Dさん　「あの人は私より楽な仕事を割り当てられていて、これは不公平だ……といったグチは日常茶飯事ですね。これに対して、有効な手を打たなかったり、無視をしたりしようものなら、本社の社長に直訴《じきそ》されます。ホント怖いんですよ(笑)」

Aさん　「相性が悪い人同士はなるべく組まないようにする工夫は絶対に必要でしょうね」

▼幅広い恩恵を与えてくれる仕事

豆鈴木「やはり年齢層の幅が広いので、管理のご苦労があるんですね？」

Bさん「若い人には、清掃という経験を、これからの長い人生の中で活かしてもらえれば……という気持ちがあるので、少々出勤が不規則であっても歓迎しています。掃除という行為は、人間の生活の中で基本中の基本です。これがちゃんとできるかできないかでは、その後の人生が違ってくるように思うんですよ。

それから、中高年層の方にとっては、こういう若い人との共同作業も、きっといい影響があるのではないかと思っています」

Cさん「年齢層の幅が広く、また入れ替わりが激しいという点は、早朝六時からはじまるという、この仕事の特殊性のゆえだと思います」

Dさん「うちには糖尿病の治療のためにといって、毎朝キチンと出勤している人がいます。糖尿病の治療のために運動をはじめる人がいますが、この方の場合、ただ道を歩くだけでは続かないといって、この仕事をはじめられたのですが、以来、体調もいいといって喜んでいらっしゃいます」

Aさん「そう。清掃の体験などとくにない方でもすぐに慣れる仕事ですし、きれい好きな方であれば、男性にとってもいい仕事だと思います。それこそ、老若男女、幅広い年齢層にやっていただける仕事。でありながら、人間関係から健康まで、いろいろな恩恵を被ることができる、ポテンシャルの高い仕事ではないかと自負しています」

豆鈴木　「そうですね。では最後に、われわれクリーンクルーに望むことを一言」

Aさん　「この仕事は、サービス精神をもって、明るくやることがいちばんです。そして人と会ったときは、ハキハキと挨拶し、そして応対していただければOKです」

Bさん　「何の仕事もそうですが、素直がいちばんですね。そして自分の仕事を日々工夫しながら、創造と改善を繰り返す習慣を身につけるようなチャレンジをしてほしいですね」

Cさん　「結局、クライアントから喜ばれたり、ほめられたりすることが、それぞれのクルーにとっても、われわれクルー長にとっても、何より嬉しいことです。ですから私たちは、どうしたら喜ばれる仕事ができるかという問題意識をベースにもちながら、誇りをもって仕事に取り組む必要があるのです」

Dさん　「どの業界でもそうでしょうが、仕事の『質』に対するクライアントからの注文というのは、ますますシビアになってくるのが世の習いです。ですから、クルーの一人ひとりが、自分の仕事が、オフィスビルとしての資産価値を維持し、高めているのだ、という意識をもっていただき、日々より一層、精進していただければ最高ですね」

豆鈴木　「どうもありがとうございました。今日のお話は、クルー仲間にも伝えて、みなさんのご期待に応えられるよう、これからも努力したいと思います」

▼いちばんよく働くのは？

ここでは、私たちクリーンクルーに職場を提供いただいているクライアント（得意先企業）に話を聞いてみることにしました。クライアントを代表して、恵比寿ガーデンプレイスタワー（ＹＧＰＴ）にオフィスがあったシャネル株式会社の総務部長であるＴさんから、「シャネル社のオフィス管理」というテーマでお話を伺いました。

豆鈴木　「Ｔ部長は、毎朝、かなり早くから出社されているようですが、こんなに早いご出勤の理由は何でしょうか？」

Ｔさん　「そうでもありませんが、出社はいつも七時二〇分頃です。それで退社時間は、午後七時頃です。もちろん忙しいときは、一〇時、一一時ということもあります。

外資系企業では〝上の方の社員ほどよく働く〟という傾向があります。わが社でもいちばんよく働いているのは社長なのです。そのため、管理職の多くは早く出社して、夜遅くまで働く、という風土ができています」

豆鈴木　「そう言えば、社長は私たちと同じ頃、つまり六時頃に出社されて、もう電話であちこちにいろいろな指示を出されていますね。あれは、どこに電話をされているのですか？　幹部のみなさんですか？」

Tさん　「うちのような外資系の企業となると、取り引きの相手は、日本国内ばかりではありませんから、外国にもしょっちゅう電話をしています。やはり社長ともなると、日本はもとより、常に世界を相手にして、獅子奮迅《ししふんじん》の活躍をせねばなりませんから、トップとして、何よりも頑健な身体と強い精神力の持ち主でないと、とても勤まりませんね」

豆鈴木　「私たちの会社が、このビルで担当させていただいているのは九階ぶん、つまり九フロアあるのですが、その中でも御社は、オフィスがもっとも清潔できれいだということで、ビルクリ仲間では有名です。

それだけに御社を担当するクルーは、あのような清潔な状態を維持・向上させることに、大きな責任と誇りを感じています。

あれだけきれいなオフィスを維持するのに、社員のみなさんには、日頃どんな指導をされているのですか?」

「整理整頓、清潔に」をいつも徹底指導

Tさん「私たちの会社では、新入社員研修のときに『恵比寿オフィスでの暮らし方』というテーマで、三時間のオリエンテーションを行います。

それはどういうものかといいますと、まず、私たちの扱っている商品がファッションとコスメティック全般だということを前提にして、ひとつ目に『顧客第一』の考えを徹底させ、ふたつ目に『商品を大切にし、愛情をもって扱う』という考えを徹底させます。

そして顧客と商品を大切にする場所がこのオフィスであり、店舗であるのです。だから、オフィスと店舗をいつも清潔にし、整理整頓を行き届かせるというのは、当然のことですね。社員にとってもう必須事項になるわけです」

豆鈴木「御社のコーポレートカラーは黒ですね。だからでしょう。カーペットもチャコールグレーです。バキュームがけが徹底していないと、隅のホコリが目立ってしまう色です。だからクルーは手が抜けません」

Tさん　「はい、そうですね。そういう意味では、コーナー、机の下、椅子の脚の部分など、バキュームが届かない場所、あるいは目が届かない場所には、どうしてもホコリが溜《た》まりがちですね。しかし、こういうところに限って、お客様の目につきやすいのです。ですから、クルーのみなさんにはきついことを言うようですが、なかなか目の届かないところ、あるいは手の届かないところにまで、ていねいな清掃をお願いしたいと思うのです。そこのところは、お願いします」

▼バキュームは隅っこには入れない

豆鈴木　「『隅重点、センター重点、隔日方式《かくじつ》』

これは私たちのバキュームがけのモットーであり、実際これに従って作業を実施しています。つまり、バキュームがけをする際、センターを重点的にやる日と、隅っこを重点的にやる日とを、隔日方式で分けているわけです。

ホコリというのはどうしても隅っこに溜まります。ところが、たいていのクルーは、限られた時間内での作業ということで、センター中心のバキュームがけになってしまいがちです。

また、約三〇センチのバキュームのT字型の先の部分が入らないところがあります。机と机の隙間やコーナー（机の下）などです。こういうところまでは、ふつうはバキュームがけができません。

そうして一週間、一ヵ月もすると、バキュームが届かない場所には、ホコリが溜まって白っぽくなってきます。ですから『隅重点』の日には、バキュームのT字型の先を抜いて、筒だけにして、日頃バキュームが入らない場所を重点的に清掃するわけです。

その翌日は『センター重点』で清掃します。すると一ヵ月もすると、全体的にクマなく清潔なカーペットになってきます」

Tさん　「なるほど。バキュームのT字型の先が入らないところは、基本的には、清掃ができていないと認識した方がいいですね。しかし、家庭の電気掃除機の場合は、先っぽの器具を取り替えながら隅々までやりますよね。ですから、オフィスのバキュームにもそのような〝隅専用〟の器具を取りつけたりして工夫しながら、清掃してもらうということも必要になってきますね」

豆鈴木　「その通りです。そのために、私も仕方なくT字型の先っぽを抜いて、筒だけでコーナーを清掃しているのですから」

Tさん　「オフィスの清掃というと、やはりバキュームがけがいちばん大切のようですね。それに加えて、拭き掃除も大切になってくると思います。どうしても間仕切りの上や壁についているホコリが目だってしまうのです」

豆鈴木　「おっしゃる通りですね。もう五年も御社を専門に『拭き』をしているSさんと、もう一人のベテランBさんの二人で、ていねいな『拭き掃除』をしていると思います。じつはこの二人の口から、『シャネルさんがいちばんきれい』という評価が出てきたようです。現場の意見ですから、信用に足るものだと思います」

Tさん　「ありがとうございます。私たちももっと努力すべきだと思います。いつも社員には、クリーンクルーの方々が朝六時から清掃に入っていること、そしてクルーがスムーズに作業を進めるためには、各自がゴミの分別・廃棄をすることと、ゴミの表示などをキチンとするように指示をしていますが、まだまだ完璧ではありません。もっと徹底する必要があります」

豆鈴木　「とはいえ、御社にはやはりマナーのよい社員の方が多いように思います。ゴミ回収のときに、カラになったゴミ箱が一〇パーセントくらいあるからです。きっとこの一

○パーセントの方々は、退社されるとき、ゴミ集積場所にご自分のゴミ箱を運んでいって、中身を分別・廃棄してから、帰路につかれているのでしょうね。

クルーにとって、カラのゴミ箱が多いと、そのぶんバキュームがけに時間が使えるので、本当にありがたいかぎりです。御社のみなさんには『ゴミ箱をカラにして帰ろう』キャンペーンを実施していただければ、さらにいい職場環境になるのは間違いないように思います」

Tさん

「それはいいアイデアです。早速、会社で検討して、実行するように提案してみたいと思います。

それと、机のまわりや通路の整理整頓も大切ですね。これもいつも指導していることですが、机のまわりの整理整頓や清掃ができていないような社員は、その人の家庭での様子が想像されてしまいます。性格さえ疑われかねません。もっといえば、仕事が『できる・できない』にも関わってくる場合があります。

実際に、仕事ができる社員の机のまわりは、いつも整理整頓がなされ、清潔になっていますね。というのも、できる社員ほど、仕事の段取りがいいわけですが、そのために机のまわりが整理されているということですね」

豆鈴木　「それは社員一人ひとりもそうですが、そういう社員が多い会社は、それだけ仕事が効率的にすすめられることになり、会社自体の業績も上がるということですね」

Tさん　「まさに、清潔できれいな会社は、それだけ社員一人ひとりの気配りがなされているわけで、それだけ業績も上がる可能性はありますね。社員には、もう一度『清潔に、整理整頓』を指導してみますが、とりあえずは『ゴミ箱をカラにして帰ろう』キャンペーンの実行ですね」

豆鈴木　「お忙しい中、貴重なお話をありがとうございました」

豆さんのギョーカイ豆知識 その7

森を守れ！

これまで、紙の再利用についていろいろと述べてきましたが、
「やけに豆さんは、紙のことにくわしいなぁ？」
と不審に思っておられる方も多いのではないでしょうか？　タネ明かしをします。じつは製紙会社数社の方から、いろいろな情報の提供にご協力いただきました。王子製紙、大王製紙、三菱製紙、北越製紙、日本紙パルプ商事、（財）古紙再生促進センターなど、たくさんの方にご協力いただきました。この紙面をもちまして感謝を申し上げたいと思います。

さて、それらの資料をもとに、もう少し話を続けます。

この地球に森林はどのくらいあるのでしょうか？　地球の表面積は約五億平方キロメートルといわれます。そのうち、陸地面積は、その約三割程度（一・五億平方キロメートル）しかないそうです。海が七割というわけです。さて陸地面積のうち、森林面積はそのまた約三割にあたる四千三〇〇万

平方キロメートルしかないといわれています。

つまり地球の表面積のうち、森林面積はわずかに八・六パーセントしかないのです。これを地域別にみると、先進地域に約一九億ヘクタール（一千九〇〇万平方キロメートル）、開発途上国に約二一億ヘクタール（二千一〇〇万平方キロメートル）、そして残りは、その他の地域に分布しています。

さてこの森林ですが、一九八〇年から一九九〇年まで一〇年間の推移を見てみると、先進地域ではわずかに増えているのに、開発途上地域では約一億ヘクタールの減少となっていて、そのほとんどが熱帯地域での減少分となっているようです。減少のおもな原因は、焼畑移動耕作、家畜の過放牧、薪炭材《しんたん》の過伐採などといわれますが、やはり商業伐採が焼畑などの誘因となっているようです。

世界でパルプ材に使われる木材の割合は、木材の総生産量の約一四パーセントだといわれ、そのうちの大部分は、先進地域でとれるものだそうです。しかし一四パーセントという数字が多いにしても少ないにしても、私たちは森を守っていかなければなりませんし、森を再生していかねばなりません。

その意味で、森の伐採を減らしていく試みが「古紙の再利用」ですし、その一方、人工的に森を、安定的に再生していく試みが「植林木」の事業だということができます。日本製紙業界では、二〇一〇年までに国内外で五五万ヘクタールの植林を進める計画があるそうです。各製紙会社は、植林木事業を積極的に進めているのです。

環境への取り組み

古紙の再利用や植林木事業の取り組みが、地球環境の保護のために大きく貢献することを願ってやみませんが、これには同時に、オフィスの「環境のためのリサイクル意識」がもっともっと高まる必要があります。

こういう話があります。ある大手の製紙会社でのことです。その会社の工場には「社員食堂」がありました。ある社員が、その社員食堂で多量に出される使用済みの「割り箸」の回収をはじめ、製紙原料の一部として再利用をしはじめたのです。

この運動が会社の外にも広がり、現地の旅館組合が協力するようになり、月に三〇〇キログラムもの割り箸が集まってきたそうです。割り箸二、五〇〇人分（二、五〇〇膳）でティッシュペーパー一五箱相当の紙がつくれるそうです。そしてこの回収システムができあがり、学校をはじめ、町ぐるみで行われるようになったそうです。

さて、再び古紙の話に戻りますが、回収の仕組みについてご説明します。ふつうオフィスや駅、町中の商店街（繁華街）から出る古紙は、「専門買出人」と呼ばれる業者が、プレス機能を備えた車で回収して、「直納問屋《じきのう》」に送り、ここで古紙は、梱包機《こんぽう》でプレスされ、一トンくらいの大きさでワイヤーがけされてから「製紙会社」へと運ばれることになります。

ちなみに、家庭から出る古紙は、ご存知「ちり紙交換」や、地方自治体による「直接回収」あるいは町内会・学校・子ども会などによる「集団回収」によって回収され、いわゆる「ちり紙交換基地」や「建場《たてば》」あるいは「よせ屋」に買われて集められ、右と同じように「直納問屋」に買い取られ、最終的には「製紙会社」に送られます。

ついでにいえば、大規模に古紙が発生するところ。たとえば、段ボールや紙器工場、印刷・製本工場、出版社、新聞社、そしてデパートやスーパーなどからは「坪上業者《つぼあげ》」と呼ばれる業者が回収することもあるようです。

いずれにしても、最終的には製紙会社にまわされ、再生紙として生まれ変わるのです。

第10章

ビルクリは地球を救う

――「生きがい」をもって行こう！

「護美箱」って知ってる?

私と同じくらい年配の方なら「ああ、知ってる」と思われるでしょうが、私たちが子どもの頃、公園や道路の脇には「護美箱」と書かれた「ゴミ箱」が、よく置いてありました。

いくらか漢字が読める年頃になってから、

「あ、なるほど。美を護るから『護美箱』かぁ」

と、妙に感心したのを憶えています。

ゴミは「あってはならない場所」にあると、はじめてゴミになりますね。オフィスや公園、道路など、ほんらい美しくあるべき場所に「あってはならないもの」が存在すると人は嫌がります。それは〝汚く、醜いもの〟として人の目に映るからです。

この排除されるべき〝汚く、醜いもの〟が収集され、収容される場所がゴミ箱です。だから「護美箱」とはよく言ったものです。昔の人は頭がよかったのでしょうね。今のゴミ箱には、こういう標語のような言葉は書かれていなくて、「可燃」「不燃」「缶」「ビン」などといった、分別のための記号が書かれてあるだけで、誠に味も素っ気もないですよね。

さて、六〇歳を過ぎてからはじめたビルクリも、はや丸三年になりました。はじめは夢中でしたが、いくらか慣れてくると、近代的なオフィスビルで、二〇〇個のゴミ箱と毎朝格闘しながら、ビルクリの意義や「やりがい」について考えるようになりました。

のちにW大学を卒業して、総務省のお役人になったS君に、この当時、この仕事をやっていて「やりがい」があるかどうか聞いたことがあるのですが、彼の返答はつれないもので、

「ビルクリにやりがいなんてないですよ」

と、はき捨てるような感じで言われてしまいました。

しかし私は、これと逆の考えをするようになりました。時給一、〇〇〇円のために、早朝の五時から起きて、いそいそと出掛けてくる仕事です。給料がもらえるから仕方なく、早朝から起きてやっているのだ、といってしまえばそれまでです。このような意識では、ポジティブな作業などできないですね。

「いわれたことだけをやればいい」

というだけでは、この仕事に楽しみも喜びも感じられないし、いろいろ工夫してみようという意欲も湧きません。

ですから、逆の意味で、何か意義や「やりがい」でも見つけないと、とても長続きなどできないのではないかと考えました。長続きしないような仕事は、仕事とはいえないと思いま

す。こういうことを考えていたら、ふっと「護美箱」の思い出につながったのです。

現場では地球資源の枯渇を実感

本書では、ビルクリにまつわる四方山話《よもやま》をするつもりが、結果的にこういうご時世ですから、環境問題に深く関係した内容になってしまいました。

オフィスのゴミ箱から回収されたゴミの量は、それはもう膨大な量になります。リサイクル可能なOA紙、新聞、雑誌、缶、ペットボトルなども同様で、リサイクルボックスに入れられたゴミの多さにいつも驚きます。

地球上の資源が、どんどん減っていくのを実感する……といえば大袈裟でしょうが、そういう現場にいることは確かです。

地球の温暖化、資源の枯渇（大量消費）などの環境問題が、テレビや新聞などのマスコミでよく取り上げられますが、じつはそのマスコミが、もっとも資源を消費している業界なのかもしれません。

新聞社は、もしかしたら数分のうちに捨てられるかもしれない新聞を、毎日、朝夕、大量に発行していますね。出版社は、どれも似たり寄ったりのゴシップネタを飽きもせず毎週、毎週、週刊誌、月刊誌という形で大量部数、発行して市場を賑わせています。

一方、書籍は、一週間に三〇〇種類の新刊本が発売され続けています。しかも、一冊が一、五〇〇円もするのがほとんどです。それらの新刊本は、うまくいって売れると、三週間、四週間……と、書店の平台でがんばりますが、ほとんどはさして売れませんから、三日もすると平台や棚から消えて行きます。いえ、書店に並ぶのは氷山の一角で、その多くは、並べてもらえないばかりか、箱も開けられないまま即座に返品されてしまうそうです。

大量に返品された雑誌や週刊誌、新刊書は、やがて断裁され、ゴミとして処理されます。願わくば本書はそうならないことを、著者である私は祈らずにはいられません。

じゃあテレビはだいじょうぶかというと、NHKが深夜に「省力放送」をしているようですが、だいたいどの放送局も、深夜から明け方まで同じような、さして必要とも思えない番組を延々とタレ流しています。これもまた、電力の無駄遣いではないでしょうか。

▼ニッポンの若者

さて、日本の若者は、活字離れが著しいのですが、その代わりに、カメラつきの携帯電話に夢中です。若者は、日々ケータイに、耳と目と親指を酷使しているのです。そして毎月、数万円の電話代を払うのに、食費を削ってアルバイトに精を出しています。

ビルクリ業界にも、若い学生さんが数多く参加しています。このことによって、「掃除のおじさん・おばさん」の領域がどんどん侵されて、若返り現象にあるといってよいと思います。

しかし彼らは、気力も、体力も、その「掃除のおじさん・おばさん」におよびません。なぜでしょうか？　彼らは深夜まで音楽を聴き、テレビを観て過ごし、夜更《よふ》かしをし、ほとんど何も食べずに、眠気マナコで現場にきているからです。

これでは仕事になりません。

「どうも、今日は気が向かないなぁ」

となればサッサと休みますし、遅刻も平気です。こんな状態で、大学を出て会社に入ったとしても、果たしてまともな仕事ができるのかしらと、逆にハラハラしながら、彼らのビルクリ姿を見てきました。

もし自分が、彼らを会社に採用する側になったら、まず彼らの気力や体力の検査が必要だなぁと思ったぐらいです。

ビルクリをやっている中で、このようにやや嘆かわしい現実に直面することが頻繁の毎日でした。オフィスのゴミ箱の中身こそ、若者世代の現実を象徴しているのではないでしょうか。可燃、不燃、缶、ペットボトル……などが混在したゴミ箱。

混迷し、閉塞した今の日本の現実の象徴のように思われてなりません。

▼ビルクリは地球環境問題の最前線！

前にも述べましたように、オフィスビルで仕事をされている社員のみなさんが、各人きちんと分別しながらゴミ箱をカラにして帰るだけで、資源の回収作業の短縮に、大きく貢献できるはずです。

できれば、前にインタビューしたシャネルさんには、実施前と実施後とで、実態調査をお願いしたいものです。

ビルクリスタッフやビル管理会社が、クライアントにお願いして、オフィスぐるみでこのようなキャンペーンが推進されていけば、やがてこれが地域ぐるみの運動となる可能性もありますし、ひいては日本中のビジネス・パーソンの意識も変わってくるのではないかと期待しています。

その意味で、ビルクリの使命は重大です。

日本中に、どれだけの数のビルがあるのか知りませんが、すべてのビル居住者やビルで仕事をする人が、地球環境問題に関わっているのです。事実全世界的に温暖化は進んでいるようですし、とくに首都圏でのヒートアイランド現象は年々顕著になるばかりです。私たちビルクリスタッフは、ヒートアイランド現象やゴミ問題、資源問題の真っ只中にいて、地球温暖化、資源の枯渇（大量消費）を食い止めるために、日夜努力をしているのです。

まさに、地球環境問題の最前線にいるのだということを自覚して、日々の業務に携《たずさ》わるべきは、ビルクリなのです。

このような意義を見つけることができれば、「やりがい」や「生きがい」なども生まれてくるはずです。全国六〇万人いるといわれるビルクリのみなさん！

「ビルクリが地球を救うのだ」

という気概をもって、日々の作業にチャレンジしましょう。

豆さんのギョーカイ豆知識 その8

輸入木材はどこから

前に述べましたように、日本は紙の大量消費国で、その材料の多くを海外から輸入しています。材木をつくる（製材）ときの残りの木屑や間伐材《かんばつざい》などから得られる木片を「ウッドチップ」といいますが、日本においてウッドチップを輸入する数量が多い国は、オーストラリア、米国、南アフリカ、チリなどです。

また、製紙用パルプとなったものを輸入する数量が多い国は、カナダ、米国、ブラジル、ニュージーランドなどです。また一方、古紙はアメリカからの輸入が圧倒的に多いです。古紙を利用している国のベスト3は、１韓国・２ドイツ・３日本です。古紙消費量では、１米国・２日本・３ドイツがベスト3です。

また古紙回収率も、１ドイツ・２韓国・３日本がベスト3で、古紙回収量では、１米国・２日本・3ドイツがベスト3です。

いずれにしても、紙の再利用の意識が高いのは、ドイツ、韓国、日本だということになります。これに対して、ともかくも消費量が多いのは、米国とやはり日本だということになります。

もっといえば、紙の消費量の多い国は、1米国・2中国・3日本がベスト3ということになります。消費量が多いだけに、紙（パルプ）の生産量も、1米国・2中国・3日本がベスト3ということになります。

紙を消費し過ぎていないか？

日本における二〇〇一年の紙の販売量は、三、〇三〇万トンだそうです。このうち、ふつうの紙は一、八二〇万トンであり、板紙（ボールなどの紙器）は一、二一〇万トンであるそうです。（製紙連合会統計による）

そのうち、印刷・情報用紙が一、一〇〇万トンで、新聞が三五〇万トン、衛生用紙が一七〇万トン、包装用紙は一〇〇万トンで、その他が一〇〇万トンだそうです。

印刷・情報用紙のうち、出版物の量は凄いです。あらゆる出版物の発行数を合計すると、一年にだいたい四〇億冊以上とも七〇億冊弱ともいわれます。

たとえば、一冊を五〇〇グラムとすると、年間二〇〇万トンから三〇〇万トンの紙の販売量となる計算です。

ともかく、日本は紙の消費が多すぎるようです。もちろんこれはオフィスにおいてばかりではありませんが、家庭でのゴミはこまめに処理するけれども、オフィスのゴミは「誰かがやってくれるだろう」とばかりに、ついついぞんざいになりかねないのが私たちの悪いクセです。

もちろん、商業社会=消費社会ですから、どうしても産業構造がそのようになっているので、ある程度の消費は仕方がありませんが、それでもこういうことは声高に叫んでいく意義はあると思います。

特別篇 業界トップへのロング・インタビュー
――全国ビルメンテナンス協会会長・梶野善治さん

豆鈴木 「今日はご多忙の中、ありがとうございます。私は、恵比寿ガーデンプレイスタワーなどで、三年間ビルクリーニングを経験してきましたが、現場でまず思うことは、ゴミのあまりの多さとそれが無分別に捨てられていることです。私たちビルクリがそれを分別して捨てるのですが、ゴミ箱の中は本当にもったいない捨て方がされています。

そこでまずお伺《うかが》いしたいのは、このような地球環境の保全にかかわる問題に、業界として、どのような意識をもっていらっしゃるのかということです」

梶野さん 「業界では当初から『清掃』と『ゴミ』は一体としてやってきました。『清掃』の中に『ゴミ処理』がありました。しかし今は、清掃とゴミは『別問題』だと考えた方がいいようです。まず管轄《かんかつ》が違います。清掃、つまり衛生に関しては厚生労働省が扱っているのに、ゴミの問題は環境省が扱っています。

役所でさえ、清掃して衛生的な環境を保持するという問題と、ゴミや資源の問題とは別物だと考えています。今回のビル衛生管理法令の改正で、ある程度、そのへんの適正な処理の基準をつくって告示してあります。今までとは意識がずいぶん違ってきています。

実際、メンテナンスの現場では、ビン、缶、古紙など分別されたゴミを、それぞれの場所に衛生的に保管しています。また清掃員は、ゴミの分別のために、同じ部屋に何回も出入りしなければならないという手間がかかります。

ビルで働く会社員のみなさんも、ゴミの分別というのは、もう他人事ではすまされなくなってきています」

豆鈴木　「さすがに行政側にも関わっておられる梶野さんだからこそのご意見ですね。わかりました。では次に、ちょっと大風呂敷な質問で恐縮ですが、会長さんから見て、この業界にこれから期待されることは何でしょうか?」

梶野さん　「私がこの仕事をはじめたのは昭和三二年（一九五七年）ですから、後四年もすれば、五〇年もこの仕事をやっているということになります（笑）。なにぶんこの業界の草創期からですから、とにかく自分の仕事を一所懸命にやってきました。ところが二五年ぐらい経った頃から、この業界はまだまだ『いい産業』とはいえない、と思うようになりました。

まず、自分たちに仕事を発注をしてくれるお客さんは、いったい自分たちに何を期待しているのだろうか、と率直に考えました。もちろんビルがきれいになり、衛生的に管理されていることが大事なのだが、それだけでいいのか?

いちばん考えるのは、何十億、何百億という大金をかけてビルを造ったのに、それがどんどん老朽化してくる。できればそれを防ぎたい。ビルを常に新しい状態で保つことはできないのか。これは経済的に大きな問題です。それで、お客さんのために、何とか考えなければという思いがありました。

そこで私はドライクリーニングシステムという方法（※注1）を採用・提案しているのですが、宣伝になるといけないので、これについてはここではあえて紹介しません。ただ、どのような考えで採用しているのかについては、少しお話しします。

まず、この業界に携わる者として、次の四つをクリアすべく努力をしなければならないと思います。

一、環境衛生の向上

二、建築物の保全性の向上

三、労働安全衛生の向上

四、作業能率の向上

この四つです（建築物清掃の技術基準における四原則）。

たとえば建物の保全でいえば、建物ができてから、あるいは設計の途中で、いちばん頭を悩ませるものは『水の処理』の問題です。雨で水もれするとか、錆《さ》びるとか、排水の問題とかです。また建物の隅っこは、構造上、水が入りやすい。いろいろな理由で鉄骨や鉄筋をいためてしまう。その上、清掃のとき大量の水を使って洗浄するのもビルをいためる遠因であると私は考えています。清掃の作業自体が、意外にも建物をいためるということがあるのです」

豆鈴木　「たしかに『水』の問題はどのビルも大きいですね。清掃の作業でも、ビルに水をまいているわけですし。わずかな水でも、もれないという保障はありません」

梶野さん　「労働安全衛生でいえば、清掃でよく起こる事故は、洗浄作業中の滑りや転倒です。

毎年、六、〇〇〇〜七、〇〇〇件の事故者がいるのです！　全産業の平均と比較すると、労災が多すぎるのです。これではいけません。当たり前のことですが、従業員が仕事をするのに『安全』であることがいちばん大事です」

豆鈴木　「そんなに事故が多いのですか」

梶野さん　「ポリッシャー（※注2）で洗って、水拭きして、もう一回水拭きして、ワックスを塗る……という流れは、ひとつの場所で四回ぐらい作業をやるということです。これは重労働です。ともかくも労働を軽くしていく必要があります。

　清掃員のアンケートで、六五パーセントの人が、モップ使いが辛いという答えを出しています。ワックスを塗ったり、水拭きをする作業です。それで、モップから水を使わないダストモップにしたわけですが、作業の後、ついたゴミを取り、これを洗濯して油剤《ゆざい》をかけ、乾燥させてまた使うわけで手間がかかります。それでこれを、使い捨てのダスタークロスにしました。紙の消費という問題はありますが、清掃員の労働は軽くなります」

豆鈴木　「たしかに、こういう仕事は、単純な肉体労働、重労働であるようなイメージがなくはないですね。また、窓拭きのように、ちょっと危険な仕事であるとか」

梶野さん「ワックスだって、ただ塗ればいいというものではありません。廊下を例にとってみれば、人間が歩くのは真中の三分の一ぐらいの幅のところです。その両脇、端っこを歩く人はそうそういません。ですから何回もワックスを塗る必要はないのです。つまり、汚れた部分だけを補修することが肝要なはずです。

汚れていないのに、つまり床のワックスが悪くなっているわけではないのに、定期清掃がいいといって、全部洗い直してやるのは問題です」

豆鈴木「なるほど、そうですね」

梶野さん「メーカーはワックスを使ってほしいわけですが、私は、『使う量は今の三分の一でいいんだ。それであんた方が困るというのなら、値段を三倍にしたらいい。材料費は、全体の三パーセントに過ぎないんだ。これが三倍になってもそう痛手ではないでしょう』

というふうにいいます」

豆鈴木「なるほど。コストと効率のことをよく考える必要がありますね」

梶野さん「とにかく、大事なのは『労働力』なのです。そしてこの『労働力』をいかに合理化・効率化させるかが問題です。しかし残念ながら、この業界に携わる人間を見ていても、多くは作業の効率が悪いこともあって、一時間ほど仕事をしても、すぐに一〇分、二〇分と休む。そうこうしているうちに、八時間勤務のはずが、実労で四時間半～五時間になっている。これではパートの清掃員の四時間と同じくらいしか働いていないことになるのです。この仕事はほとんどが人件費です。『人の無駄遣い』がいちばんの損失だといえるでしょう。

パートの人は、やるところと時間が決められているから、その九〇パーセント以上の割合で仕事をしています。ところが、会社の社員（日勤者）は『のほほん』としていることがある。みんなとはいいません。たまに私が検査に入って、

『課長の〇〇はどこだ？』

と聞くと、あわててそこの人間が、

『〇〇さんは今、巡回に行っています』

というのです。

『巡回って、いったい何回、巡回やっているんだ？』

と問いただすときもあります」

豆鈴木　「それはいけませんね。効率化が計られていないと、士気まで下がるものです。経

営者というお立場でいろいろな問題をお話しいただいて、今日はとても新鮮です。経営のご苦労も多いのでしょうね」

梶野さん

「私は終戦後の昭和二六年頃、トイレットペーパーやブラシ、洗剤などの掃除用品の卸売《おろしう》りをしていました。それがやがて『掃除もやってくれ』ということで、昭和三二年から、今のメンテナンスの走りである清掃業をやるようになりました。やがて『警備』の仕事もやるようになりました。

昭和三九年の東京オリンピックのとき、札幌市長が選手村の警備の状況を見学してきたのです。当時は、日本で最初の警備会社である日本警備保障(現セコム)がやっていましたね。札幌市長は、北海道に戻ってきてから、札幌市内の学校の警備をしてくれと私のところに申し出てきました。

公共機関が、民間に警備を発注したのは、札幌市がはじめてでした。それで六〇校を警備するのに一二〇人の警備員を雇いました。

それから、釧路、帯広、北見などあちこちから『契約の中身を教えてくれ』という問い合わせがきました。

ということで、昭和四〇年から一八〇校の警備をやりました。もちろん設備投資もかかりました。まず三、〇〇〇本の電話の専用線を入れました。警備員が寝る部屋も造りました。なんでも草創期は大変です」

豆鈴木「そうですか。いろいろと苦しいことも多いのですね」

梶野さん「私の会社は上場していますから、株主さんに対しても責任があります。この業界の不文律として、私には『絶対に赤字を出してはいけない』という信念があります。営業サイドは『赤字を出したら取り返したらいいじゃないか』といいますが、この商売は、年間で六パーセントの利益をとっていなかったらペイしていけないのです。

だからいかに効率化を計り、業務の質を上げるかが重要になってくるのです。私たちの仕事は、宝石店のように、高価な商品を扱っているのです。ほうっておけば汚れて使えなくなってしまうもの、それがビルなのです。

もうひとつ大事なのは、従業員の勤労意欲です。私は、勤続五年や一〇年の人にはお祝いをします。従業員を大事にしなければいけません。三月に入札があって、四月に契約が決まったら、私は菓子折に私の名前で『御礼』と書いた熨斗紙《のしがみ》をつけて、全従業員にこれを配ります。『今年もがんばってください』という意味です。まさに『従業員あっての会社』なのです」

豆鈴木「はあ〜。徹底されてますね」

梶野さん「あるとき、体調を悪くした従業員の方が、病院での検査のために会社に手続きを取りに来ていました。ある程度の年輩の方でしたので、それは仕方のないことなのでしょうが、たまたまその場にいた私は、

『あの人は誰だ?』

と近くの者に聞きました。すると、

『はあ、○○の現場の××という人ですよ』

と応えるので、

『何しにここに?』

と聞くと、その社員は涼しい顔をして、

『具合が悪いそうなんですよ』

というのです。私はすぐにそこの課長をよんで、

『どういう教育をしてるのか!』

と叱りました。『どういうことでしょう?』と、課長は訳がわかりません。私は、『お客さんが来ているのに、立たせておくってことがあるか! どうして座らせ

ないのだ！』

と一喝しました。

『え？　お客さまですか？　来てませんが？』

と一向にわからない課長に、私は、

『ばかもん！　従業員の人たちは、お前たちのお客さんだろう！　誰に稼いでもらって給料をもらっているんだ！　しかも具合が悪いといって来られてるんだぞ！　早くイスをもってきて座らせて、その後で自分が座れ！』

と怒鳴りました。どの仕事もそうでしょうが、それぐらいの配慮がないとダメです。これまでのビルメンテナンス業界には、この課長さんのような感覚がまかり通っていたのです。しかしこういう商売をしていてはいけません」

豆鈴木「おっしゃる通りですね。私もそう思います。私も三年間、ビル清掃をやってきてますが、いまだに社長さんの顔を見たことがありません。何百と現場をもっているわけでもないと思うのです。年に一度ぐらい、現場のクリーンクルーのところにきて、『ごくろうさま』のひと声ぐらいかけてくださってもいいように思います。そうすれば、『社長もけっこういい人だ。がんばろう』ぐらいは思うはずです」

梶野さん　「みんな大変、大変といっているから、きっと大変なのでしょう。でも中には、大変といいながら、ベンツに乗ってゴルフに通っている人もいたりする。やはりまず経営者の意識改革が必要です。

いずれにしても、仕事の合理化・効率化がまず課題です。九〇万人の労働人口をもつこの業界ですが、実際にやっていることが今までと変わらないようだと、やはりいつまでも『いい産業』といえないと思います。仕事の質の向上、重労働の軽減化、作業の合理化・効率化……これらを改善していく努力を怠ってはいけません」

豆鈴木　「最後に、クリーンクルーの職場環境についてお伺いします。私たちビルクリの職場環境というのは、あまりよくないと思います。控え室が、だいたい地下の３Ｆとか４Ｆなのです。欧米では、ビルのオーナーと同じフロアにビルクリの控え室があったりしますが、日本ではあまりないような気がします。なんだか、社会の最下層の人たちの仕事だ、というようなイメージがぬぐえないのではないでしょうか？」

梶野さん　「私もそのことでよくケンカをしてきました。Ｈ銀行が本店をつくったときに、うちで仕事をもらいました。仕事がはじまってから様子を見に行くと、うちの従業員

がいないのです。それで、

『うちの連中はどこに行った？』

と聞くと、なんとボイラー室をベニヤで仕切った空間に、みんな押し込められているのです。さすがに怒りが湧いてきて、銀行の総務の人に、

『ボイラー室というのは、あんたたちでも無断では入っていけない部屋なんですよ。そういう部屋に、うちの従業員を入れて置いて平然としているというのは、いったいどういう神経をしているのですか？』

と抗議しました。するとしばらくして、控え室が変わったというので行ってみると、なんと今度は階段の下です。たしかに幅の広い階段ではありましたが、そこに敷居を設けてドアを閉めたら真っ暗です。私はまた怒りがこみ上げ、

『うちの人間はネズミじゃないんだ！　階段の下に集めて飯を食わせるような会社の仕事はお断りだ。辞めさせてもらう！』

といいました。さすがに先方もあせったのか、その銀行には地下だけれど、環境のよい貸し室がいくつかありましたが、そこの一室を提供してくれたのです。

北海道庁の議事堂の仕事でも、地下にあったクリーンクルーの控え室を、１Fに

移してもらいました。

これが私が一貫してもっている信念です。従業員の職場環境ばかりでなく、ケガや病気がいちばん心配です」

豆鈴木「そうですか。そういうトップの下でなら、クリーンクルーたちも救われます。きっと感謝すると思いますよ」

梶野さん「最後につけ加えれば、この業界は古い体質です。それぞれの仕事の仕上がり（質）をちゃんと査定するシステムがないのです。定期清掃などは、五、六人でひとつの作業をやっていますから、みんなでひとつの仕事をすれば、みんなが平等に同じ能力を発揮したように見えます。三五歳の主婦が、七〇歳のご婦人の仕事を見て、『私だったら、あの倍は仕事ができる』とたとえ思ったにしても、『倍やっても、給料は同じだから、やらないことにしよう』という気持ちになってしまうのです。

このような作業のシステムも改善されねばなりません。

いずれにしても、一億二千万もの国民の誰もが、毎日、何らかの形で『ビル』と関わりをもって生きているのです。その一億二千万の国民の、健康と幸せを保持するため、私たち、ビルメンテナンスに携わる者たちは、日夜、努力・精進していかなければならないのです」

豆鈴木　「貴重なお時間を、本当にありがとうございました」

【注1】ドライクリーニング＝弾性床材のメンテナンスの手法のひとつで、水や洗剤を使わない清掃手法のことをいいます。一般的に行われているメンテナンス手法は、床表面が汚れてきたら、床維持剤（ワックス）を塗布《とふ》した床面を洗剤や水で洗浄し、乾燥させた後、再びワックスを塗布して仕上げる方法で、ウェットクリーニングといいます。

これに対し、もう一つの方法であるドライクリーニングは、まず強固な床維持剤の皮膜《ひまく》を作り、汚れた部分だけを日常的に補修（部分的に床維持剤を削り、補修塗りし、磨く）していく手法で、ほとんど水も洗剤も使わないところから、「ドライ方式」「ドライ清掃」などともよばれています。ドライクリーニングは、床面全体の美観度が落ちる前に処置する「予防的清掃」であり、水を使わないところから、建築物の耐久性や働く人たちの安全にも、よい結果をもたらします。

【注2】ポリッシャー＝機械本体の下に円形の専用パッドやブラシを取りつけて、高速回転で汚れを落とす清掃機械です。

第11章

「共生」への思い

――グリーンセンター構想

みんな元気になろう

平成一五年二月一二日夕刻、NHKラジオのインタビューコーナーに呼ばれ「元気に百歳」クラブのことを一五分ほどお話ししました。全国放送ということもあり、直後から家の電話が鳴り通しになりました。「元気に百歳」クラブとはどんなクラブなのか、入会案内を送れ、グリーンセンター構想とは何か、などなどです。放送がすんで、一ヵ月も経ってからのお問い合わせもあるのです。みなさん老後の暮らしにはやはり関心が高いのだと今更ながら感心したものです。

それで、本書の末尾に、私の夢のひとつである「GC（グリーンセンター）構想」についても、少し述べておこうと思います。なぜなら、これは本書で扱ってきた自然環境や建物、そして人の「生きがい」とも深く関わってくる問題でもあるからです。

思えば、私がまだ現役のときは、六〇歳以上の高齢者というと、弱者というか、どこかマイナスのイメージをもっていました。しかし、実際に自分が還暦《かんれき》（六〇歳＝高齢者の予備軍）を迎えてみると、この考えが間違いであることに気づきました。

自分のまわりを見回してみても、高齢者といっても非常に元気な人が多いことに、少なからず驚きました。日本では「要介護」の高齢者（予備軍も含む）というのは、全体の一三パーセントでしかなく、後の八七パーセントの高齢者は、誠に元気な老人ばかりです。ひょっとするとへたな若者よりも元気です。

「ああ、これからはアクティブ・シニアの時代なのだなぁ」

という思いを強くもったわけです。

と同時に、前にも「人生三期説」で述べましたが、病気もしていないのに、まだ体力・気力ともにあるのに、そして仕事や人生の知識も経験も人脈もすべての点で豊富であるのに、六〇歳を迎えたその日から、「ハイ、それまでよ」といわれて、お払い箱になってしまうのが現実です。

多くの高齢者予備軍は、明日から会社に行かなくてもいいといわれて、「これからどうしたらいいか、わからない」と痛感します。誰しも「仕事を辞めたら、旅行をしよう、庭木の剪定《せんてい》をしよう、好きなゴルフをしよう……」などと考えるものですが、ゴルフも旅行も庭木の剪定も、そうそう毎日できるものではありません。

朝、起きたら「ああ、今日も日曜日か」と思うと、元気もなえてしまいます。そうして、家族に対して「ぬれ落ち葉」のようになり、それこそ「粗大ゴミ」のようになってしまいかねません。哀れです。要するに、時間の使い方がわからないのです。

このような高齢者たちの「自立」を促す意味で、私は「元気に百歳」クラブを提唱したというわけです。「自分の元気は自分でつくり、自立して生きようよ」ということです。つまり、私たち高齢者は、元気でいることが、最高のボランティアなのです。

しかし「元気でいよう、要介護にならないようにしよう」と一人で思っていても、なかなかそれはむずかしいものです。それで、いろいろな人が、自分の得意なこと・好きなことの知識や知恵や経験をもち寄ることで、みんながお互いの元気を分かち合えるように、いろいろな情報交換ができる「場」をもとうというのが、「元気に百歳」クラブの趣旨《しゅし》なのです。

▼みんなで暮らそう！

みなさんもよくご存知でしょうが、「きんさん・ぎんさん」という双子の姉妹が世間をにぎわせました。二人揃《そろ》って一〇〇歳過ぎても元気でしたから、テレビにも引っ張りだこでした。さぞや出演料も多かったことでしょうが、そのギャラの使いみちも「老後のために貯金するんだわねー」と二人が答えたというエピソードは、落語のネタにまでなり、世間を笑わせました。

しかし、これが日本の高齢者の率直な気持ちであり、現実です。どうしたら、この老後の不安がなくなるのでしょうか？　そこで考えついたのがグリーンセンター構想でした。

あるとき、「元気に百歳」クラブのメンバーと、東京近県にある一流ホテルのような「有料老人ホーム」に見学に行ったことがありました。そこで私たちが見た光景は、ゆうゆうと元気に過ごす高齢者たちの優雅な楽園というキャチフレーズとはほど遠いものでした。

とても淋しいのです。駅に迎えにきたマイクロバスに乗せられて私たちが着いたところは、世間から「隔離」された〝老人村〟でした。昔、日本には「姥捨山《うばすてやま》」がありましたが、あれとそれほど違わないという感覚に打たれてしまったのです。

「私たちも、いつか年をとって弱ってきたら、ああいうところに入れたらいいね」

というように、漠然とイメージしていた世界ではなかったのです。老人だけが寄せ集められて淋しく暮らしているのです。食事の時でさえ、館内はシーンとしていました。談話室やカラオケ・ルーム、麻雀《マージャン》ルーム、陶芸コーナーなどもありますが、そこに参加しているのは常連の遊び仲間たちだけです。

「これではいけない！　高齢者ばかりを隔離するのでなく、〇歳から一〇〇歳まで、みんなが笑ってともに暮らせる、つまり〝共生〟できる町をつくらなければ！」

と、痛感したのです。これがグリーンセンター構想の原動力です。
しかも、自然とともに暮らすのです。環境を破壊せず、自然と共生できる町です。

理解者をふやそう

「グリーンセンター（GC）構想」とは、これは自分たちで町をつくろうという運動ではありません。この実現には、やはり地域の行政、とくに首長である市長や区長、町長が動かないことには話になりません。そしてそれに賛同してくれる市民がいなければなりません。私たちは各々、自分が住む地域の首長に、市民の一人としてGC構想を提案していくことが大事だと思います。

二〇一五年、日本のどこかに、たとえ小さくても、グリーンセンターができていることが、私たちの夢です。グリーンセンターは、日本中どこにあってもいいのです。各地の市や区、町が競い合ってGCをつくるようになるのがさらなる夢です。

そしてGCは、各地の中心地（繁華街）の近く、交通の便のいいところにつくられます。隔離をする居住区などではないからです。そこでは、徒歩圏内ですべてがすませられます。
「元気に百歳」の表紙のイラストは、創刊号は東京のベイエリア、第二号は地方都市、第三号は西東京市に、それぞれつくられたGCの仮想図でした。いずれも緑豊かな自然の中に存在するGCです。もちろんどういう形にするかは、それぞれの地域により、特色があるべきだと思います。

二〇〇二年の暮、私はGC構想の提案をするべく、東京都知事、西東京市長、九州の甘木《あまぎ》市長、南紀の鳥羽市長、北海道のニセコ町長の五首長宛に、GC構想についての提案書を「元気に百歳」創刊号、第二号、第三号を添えて送りました。

鳥羽市の井村均市長からはすぐに丁重なお手紙がきて、二月三日に開催する「元気に百歳」クラブの初春例会にも参加したいというお申し出がありました。もちろん前向きな首長さんは大歓迎ですから、「例会参加どうぞ」というご返事を出しました。当日は秘書の方とお二人で参加され、

「GC構想には大変に関心があります。一度みなさんで鳥羽に遊びにきてください」

としっかりPRされました。このように、行政の責任ある立場の方が、一人でも興味をもたれ、そしてGCの理念を理解され、賛同されるだけでも、それが実現への大きな一歩です。

ちなみに、鳥羽は「東洋のニース」と呼ばれる温暖で風光明媚《ふうこうめいび》な観光地です。ミキモト真珠や伊勢エビなどでも有名です。人は「住み慣れた土地」に寄り集まって過ごすのがいちば

んです。鳥羽には鳥羽市民にふさわしいGCがあるはずです。

▼天命を生ききる

私たちの思いは、今述べてきた通りです。GCには、老人ホームと異なるいくつかの特徴があります。七五歳以上の人は、優先的にGCに入ることができます。しかしそこに住むのは高齢者ばかりではありません。〇歳から入れる保育施設、幼稚園、小学校、中学校もあります。障害をもつ人たちの施設もGC内にあります。高齢者に見守られながら、子どもたちも育ちます。元気な高齢者は、子どもたちを教育してくれます。また自分たちより若い世代を、自分たちの知識や知恵・経験から見守り、アドバイスします。つまり、身体が動く人は誰でもいきいきと仕事をします。誰ひとり、用のない人はいません。

私たちは、明日のことはわかりません。いつお迎えがくるかわかりません。今ここにお隣の国のミサイルが飛んできたら、今日が私たち多くの国民の命日となります。

「元気に百歳」クラブの「百歳」とは、「百歳まで生きよう」という意味ではありません。お迎えがくるそのときまで、今を満喫して元気に生きようという意味です。

人生は、波瀾万丈です。何があるかわかりません。いいこともあれば、悪いこともあります。しかし、最期のときは、幸せなときでありたいと思います。いつも「元気に百歳」と会報「こころ輝いて」の巻頭言を書いていただいている日野原重明先生には、会報二号には、「終わりよければ、すべてよし」という巻頭言をいただきました。

私もそう思います。最期の瞬間まで、たとえ病気になっていても、元気な心でいられたら、というより、最期の最期で「いい思い」をして死ねたなら、それは最高なことだと思います。

私は、もし自分が今後、ガンや心臓病や脳溢《のういっけつ》血などの重い障害にかかったら、延命治療は断固拒否するつもりです。天寿を全《まっと》うして、笑って「いい人生でした」と言って最期を迎えたいと思っています。そのときまで、元気で生ききりたいと思います。

▼緑の施設

現在、私は「元気に百歳」クラブの代表（幹事役）をさせていただいていますが、このようなクラブをやってみたいと考えはじめたのが、じつは今から一五年ほど前でした。

そして一五年後の今、少しずつでもあのときの思いが実現しつつあると思うと、何だか嬉しくなってきます。じつはその同じ頃、もうひとつの思いを抱いていました。それがグリーンセンター構想です。

「グリーンセンター」というと、月並みな名称なので、どこかの住宅街を連想される方も多いのではないかと思います。また何をやるところなのか、ややわかりにくい名称でもあります。

「グリーン」というのは「緑の自然」という意味です。「センター」は、人が「集うところ」とか「ともに生活するところ」というような意味です。総合地域センターというふうに考えていただければわかりやすいと思います。グリーンセンターには、人間も自然界の一員なのだから、今こそ、もう一度、自然の中に戻ろうよ、という意味が込められており、それを実践かつ実現できるところなのです。

この構想は、私たちの「元気に百歳」クラブを出発点にして、いろいろな人と議論を交わしながら、一歩一歩進めていきたいと考えています。

▼現代社会に落胆した

つい半世紀ほど前の終戦前後、つまり私たちの少年時代の日本には、現代ほど発達した文明はありませんでした。まわりは豊かな自然に囲まれていました。野山、森林、田畑、小川、池、海辺など、いたるところが緑と水の豊かな、自然の遊び場だったのです。子どもたちはみんな裸足で駆けまわっていたものです。

ところが今の子どもたちは、極度に発達した文明社会に住んでいます。コンクリートとアスファルトの箱の中を生活環境とし、テレビ、パソコン、エアコン、車、携帯電話など、文明の利器に囲まれて育ちます。

都会でも地方でも、夏休みや冬休みだからといって外で（泥んこになって）遊んでいるような子どもはほとんど見かけなくなりました。ある子どもは塾通いでそんなヒマはなく、ある子どもは家の中でゲームに興じています。

気のせいか、学校の近くを通っても、校庭からは、子どもたちの遊びはしゃいでいる声がめっきり減ってきたように思えるのです。幼稚園や小学校へは、親が車で送り迎えという子どもも少なくありません。

昔は、何キロもある登下校への道のりを、子どもは歩いて通ったものです。これで鍛《きた》えられたのです。しかし今は、子どもを一人で歩かせようものなら、誘拐犯から狙われる心配もあります。物騒な世の中です。

私は、だんだんこのような世の中になってきたことが、とても嫌になってきました。

自然への回帰

犬や猫、牛や馬、野山の鳥や虫、海や川に住む魚、森林の樹木や草花……私たちの身のまわりのあらゆる自然の生き物と同じように、私たち人間も自然界の一員であることは間違いがありません。

ところが、人間に与えられた特権であるはずの知性が、じつは「浅知恵と限りない欲望」へと姿を変え、あたかも自然界の支配者のような「横暴なふるまい」をするようになり、自然界の仲間たちをどんどん食い物にして、自分勝手な理論で自然界の秩序を破壊し続けてきたことは、今さら私が訴えるまでもないことです。

そして人類史がはじまってからの長い間、なぜか愚かな殺戮《さつりく》と諍《いさか》いがたえることはありません。人間が人間を支配しようとアクセクし、ついには六三億人いる地球人口のうちの七三パーセントの人たちが、恐怖と飢えと貧困と無教育の中で苦しんでいます。

また、草食動物である牛たちに、肉骨粉《にくこっぷん》をエサとして与えるという「とも食い」の強制は、自然界のルールを無視した蛮行《ばんこう》で、その結果、狂牛病が出現しました。人間はいつしか、この地球上で暴君を演じるようになってしまったのです。

本書の中で、私はビルクリーニングという立場と視点から、環境問題を論じてきました。

人間は、今日もどこかで地球・自然を傷つけているのです。ゴミ問題やヒートアイランド現象は、それを象徴している出来事です。

もうこれ以上、私たちは、地球・自然を壊し続けてはいけないと思います。そして自然から逸脱してしまった現在の生き方をよくよく反省して、もう一度、自然の懐に回帰する必要があると思うのです。こういう切なる思いから、私はグリーンセンター構想を抱いたのでした。

▼「老後の不安」のない世界

先の「きんさん、ぎんさん」の話ですが、冗談とはいえ、「出演料は老後のために貯金する」と答えてしまうところに、高齢化社会の深刻な現状が現れています。「老後の不安があるから貯金する」というのは、世界中どこの国の人でも考えることではないでしょうか。しかし日本ではこれがとくに顕著であるように思います。

一〇〇歳以上の超高齢者が、日本では一八、〇〇〇人を越えました。長寿大国の面目躍如です。さて一方、日本人の個人資産＝預貯金の総額は、一、四四〇兆円もあります。

このうちの約一、〇〇〇兆円は、六五歳以上の高齢者が、預貯金としてガッチリ握っていて、老後の不安に備えてビタ一文も使いません。

六五歳以上の高齢者の総資産である一、〇〇〇兆円を、六五歳以上の人口＝約二、〇〇〇万人で割ると、一人あたり五、〇〇〇万円ぐらいになりますね。総預金の半分である七〇〇兆円としても、一人あたり三、五〇〇万円となります。

日本における「亡くなる老人の遺産」が、平均三、五〇〇万円だという数字もあるのですが、納得できる額ではないかと思います。

遺産相続のために、それまで仲の良かった兄弟や親戚が、互いに骨肉の争いを演じてしまうという話は、昔からありますが、誰でも三、五〇〇万円をもってお墓に入れるわけではありません。しかし預貯金などの財産は、自分の老後と子孫の安心のために、当然の心理として必要なわけです。

さて、日本の国家予算は約八〇兆円ですが、もし高齢者が自分のお金の一〇パーセントを拠出すると計算したら、なんと一〇〇兆円が市場に出回ることになります。一人平均で三、五〇〇万円もって死んでいく現実を考えると、むしろ「老後に不安のない社会をつくること」の方が、どれほど自分と社会のためになるのか、小泉首相も、石原都知事も、衆参両院の議員さんたちも、地域の首長さんたちもよくよく考えていただきたいと思います。

ちなみに、私には預貯金がありません。ですから、遺産相続の争いが起きる心配はありません。しかしその反面、老後の不安はあります。とはいえ、今から三、五〇〇万円も貯金するのは不可能ですし、またその気もありません。

そこで、自分のためにもと思って「GC構想」を考えついたのです。

▼「共生」の町

私たちが子どもの頃は、どこの家庭にも、生まれたての赤ちゃんから、子ども、お父さん、お母さん、そしておじいちゃん、おばあちゃん、ときには曾《ひい》おじいちゃん、曾おばあちゃんまでいたりして、あらゆる世代が同居していました。つまり、数世代が大勢で暮らしている家庭が一般的だったのです。

ところが最近では、田舎でも都会でも、老人の一人暮らしが増えています。一般の家庭も、子どもは多くてせいぜい二人という核家族がふつうです。共働き夫婦が増えたので、子どもは託児所や保育園に預けられたままです。もう少し大きな子どもは、家で留守番をします。こういう家庭なら、私だって淋しくなります。子どもやお年寄りなら、なおさらだと思います。

「ＧＣ構想」では、家族に過度の負担がかかる、子どもや高齢者、弱者は、「社会全員の共有の宝物」だと考えます。その「宝物」を、みんなで「育て、敬い、保護する」という当たり前の生活ができる施設がグリーンセンターなのです。高齢者のみ、弱者のみの「隔離」施設ではなく、すべての世代が同居する「共生」施設です。尚、センター内外の施設、屋外の道路、公園、施設などは、すべてバリアフリーです。

経済大国である日本で、なぜ「老後の不安」がぬぐえないのでしょうか。私は、誰もがいつかは必ず体験する「高齢期」と「終焉《しゅうえん》期」にこそ、もっともいい思いをして過ごせるような施設を、最優先でつくることが大事だと思います。そこは世界中から注目を集める施設となるでしょうし、世間の意識も少しずつ変わってくると思います。

グリーンセンターは、まわりが豊かな緑の野山に囲まれているだけではありません。グリーンセンターそのものも、緑あふれる建物です。しかも北海道から九州まで、自分が生まれ育った土地に「わが町のＧＣ」をつくるのです。地域に密着しているのです。

グリーンセンターはひとつの町ですから、そこには市役所などの公共施設、行政機関、医療機関、福祉・介護・教育・文化などの機関、郵便局、銀行、娯楽・商業施設など、人間が生活する上で必要となるあらゆる施設が完備しています。

当然、労働力も必要になるので、地方都市の過疎化も一挙に解消するでしょう。地域の住民、その中でも、前述のようにとりわけ高齢者、子ども、弱者を優先した施設づくりとなります。

今は夫婦共働きの時代で、託児所が繁盛する時代です。しかし託児所に預けていれば安心という時代ではありません。虐待が激増し、子殺しも起きています。GCでは、このようなことはありません。子どもたちの世話をするのは、元気な高齢者たちです。高齢者たちは子どもたちに、躾《しつけ》やマナー、人間としての道徳などを、自然な環境の中で教えていけるのです。ある意味では、古代の村社会のようなものかもしれません。人生の大先輩たちが、生きる知恵をそのまま子どもたちに、愛情いっぱいに伝授してくれるからです。

かつての村社会では、長老やご意見番、知恵袋のようなおばあちゃんがいて、いろいろなことを教えてくれたものです。核家族の現代社会では、完全に忘れ去られてしまったこのような「社会」をもう一度復活させるのも一考ではないでしょうか?

現代は、少子化社会と呼ばれています。これは子どもの教育費・養育費にかかる経済的負担と、子育てそのものに対する若い母親の不安が原因といわれています。子育ての不安に関しては、右記のように、人生の大先輩たちが、全面的にバックアップしてくれるのでまず安心です。

現在、六〇歳以上の人口は二、八〇〇万人以上います。そして毎年、新しい六〇歳が一八〇万人ずつ増えます。六〇歳台の「ヤングシニア」一、八〇〇万人が、声と知恵と力をあわせれば、政治も役所もきっと動くはずです。

みんなでＧＣを考えていきましょう。

そしてこの構想にいち早く賛同していただいた、「元気に百歳」クラブのメンバーである女優・岩崎加根子さんの応援演説でもって、本書の締めくくりとしたいと思います。

「グリーンセンター構想」に馳せる夢

俳優座　**岩崎加根子**

昨年一〇月からTBS系列の時代劇「水戸黄門」にレギュラー出演している関係で京都の撮影所に出かけることが多く、このところ「元気に百歳」クラブの例会にも、勉強会にもすっかりご無沙汰でした。

三月までの放映分の撮影が一段落しましたので、これからは「元気に百歳」クラブにも顔をだして勉強しようと思っていました。そこへ鈴木さんから勉強会開催の案内が届きましたので、三月一三日、品川駅近くの日立金属OBクラブ「高輪《たかなわ》和彊館《わきょうかん》」に赴きました。

第一部が鈴木さんの「グリーンセンターって、何?」というお話しでした。グリーンセンター（以下GC）は「元気に百歳」クラブが目標として掲げている「明るく、快適、安心して暮らせる高齢社会づくり」のために、クラブの立ち上げ時から提言している構想です。

今年を「GC構想議論の年」と位置づけ、メンバーはもとより、外部の方々にも呼びかけて議論をすることになったのです。今回の勉強会はいわばGC議論の第一回目。「GC構想」のオリエンテーションのようなお話でした。

私もクラブの機関誌「元気に百歳」創刊号にインタビュー取材を受けて寄稿させていただいた関係で、初年度から会員に加えていただきました。NHKや読売新聞などマスコミにも取り上げられたためか、最近では札幌から九州まで、メンバーが百八十人にも増え、クラブの運営が大変になったというお話しもお聞きました。

「GCは、今はまだ夢物語かも知れませんが、GCが目指すものを地域の皆さんが良く理解され、地域の行政の首長さんが『GCを作ろう！』と本気で取り組まれれば、夢が現実になるのは、そんなに遠い日ではない」

と、熱心にお話しになる鈴木さんの並々ならぬ熱い想いを目の当たりにしました。

そこで、私なりに「GCに馳せる夢」を描いて見ました。

寂しいおばあちゃんの老人ホームでの一人暮らしはまっぴら。住み慣れた所で、愛する家族や、ご近所のお仲間、親しいお友達など、もちろん赤ちゃんから、若いお母さん、お父さんたちとも助け合い、支え合いながら暮らす。戦前戦後にはどこにでもあった大家族、お隣近所の皆さんと声を掛け合いながら暮らした懐かしい光景がGCでは日常の姿。GCには日常の生活に必要とするすべてのものが徒歩圏内に集まっているというのが嬉しいです。衣食住だけではなく、健康を支える医療、福祉、介護、スポーツ施設はもちろん、心の充足に必要とする文化、芸術、教育、娯楽、趣味などに身近に接したり、学んだりできる施設、システムも完備されている。元気な高齢者は小さな子どもさんのお世話や、躾、若いお母さんの相談相手にもなってあげられるでしょう。

私はGCの中にある文化センターでお芝居や朗読の教室を開いて、若い方や子どもさんたちにも教えてあげたい。遅まきながらパソコンもマスターしたい。「元気に百歳」クラブの皆さんも、住み慣れた地域でのGCで日々の暮らしを楽しんでおられるので、たまには、GC交流会でそれぞれのGCを見学、宿泊もして、それぞれに特徴のあるGCの工夫を体験するのもいいですね。GCの住民は、九州、北海道、沖縄、東京など、どこにでも移住が自由にできるという仕組みもぜひとりいれたいものです。

その内に海外にもGCが続々と誕生し、カナダ、スイス、オーストラリア、フランス、スペイン、ブラジルなど、お好みのGCへの移住、旅行なども楽しめるといいですね。

ご本の発刊をお祝いするお言葉をお贈りするつもりでしたが、私が所属している東京パイロットクラブの名誉会員でもあり、聖路加国際病院の理事長をされている、尊敬する日野原重明先生がすでに推薦のおことばを寄せられているとお聞きし、私の方は鈴木さんの夢、クラブの目標でもある「ＧＣ構想」を応援することばとして拙文をお贈りいたしました。

平成一五年四月

おわりに

ひょんなことから小著を発刊することになりました。自分でもまさか「掃除のおじさん」を体験するなどとは、現役時代にも、定年後にも、思ってもみませんでした。しかしぶらぶらしていても仕方ないと、何気なく新聞の折込み広告を見て応募したのがビルクリだったのです。

しかしはじめてみるとこれがなかなか面白い。いろいろな発見があるし、サラリーマン時代とはまるで違う人間関係や、それまで知らなかったビルクリーニングの世界を体験することになり、結構楽しい時間でした。

二〇〇〇年の正月、朝は早いし、暗いし、寒いし、失敗ばかりやらかすしで、最初は本当に大変なことをはじめてしまったと後悔しました。しかし、三日坊主だけはやめよう、せめて三ヵ月はと思っていたら、結局、三年間も皆勤を続けることになりました。

何もかも知らないことばかりですから、毎日の体験を少しずつでもメモにしておこうと、業務日誌をつけました。

「掃除のおじさん」の体験をはじめて一年半が過ぎた頃から、この業界はどんな業界かなと興味をもち、業界誌である月刊「ビルクリーニング」を発行しているクリーンシステム研究所という、日暮里にある出版社を訪ねました。そして池田ちか子編集長から業界に関するいろいろなデータをいただいたり、ビルクリーニングのお話をお聞きしました。

しばらくして、かの池田編集長から「ビルクリーニング」に連載エッセイのページがあるので、書いてみませんかというお誘いがあり、無謀にも「ＯＫ」の返事をしてしまったのです。そして二〇〇二年一月号から毎月の一二回、掃除のおじさん体験記、「ビルクリ豆の、元気にオッハー」という連載エッセイがスタートしました。

小著はこのエッセイがベースになっていますが、これだけではページ数も足りませんし、エッセイには書ききれなかった業界のことや環境問題のことなど、いろいろと付けたしました。最後には小生のライフワークとして考えてきました「元気に百歳」クラブのことやグリーンセンター構想のことなども付記しました。

聖路加国際病院理事長の日野原重明先生と俳優座の女優・岩崎加根子さんからは、それぞれ推薦のお言葉と、グリーンセンター構想応援の寄稿をいただきました。また、全国ビルメンテナンス協会の梶野善治会長には、北海道から上京の折のお忙しい中、ご無理をお願いして、インタビューさせていただきました。

また毎朝、フロア清掃をさせていただいた恵比寿ガーデンプレイスタワーのシャネル株式会社の寺尾総務部長、ビルクリーニング現場各社のクルー長のみなさん、クリーンクルー仲間のみなさんからもいろいろ勉強になるお話を聞かせていただきました。

それから、クリーンシステム科学研究所の編集部員・坂上逸樹さんには、業界知識をいろいろご提供いただき、また折々に協力していただきました。日本教文社の編集者・北島直樹さんと青田辰也さんには、気まぐれな新米著者を叱咤激励していただきました。

このように、多くの方々のご愛念をいただきながら、ようやくに日の目をみたのが小著誕生の内実です。

誠にありがとうございました。

平成一五年　春分の日

著者記す

恵比寿ガーデンプレイスタワーの前で。
おもわず腕に力が入る著者。

本書は月刊「ビルクリーニング」誌二〇〇二年一月号から一二月号まで連載されたものに、加筆・訂正したものです。

オフィスのゴミは知《し》っている

ビル清掃《せいそう》クルーが見《み》た優良会社《ゆうりょうがいしゃ》の元気《げんき》の秘密《ひみつ》

初版発行――平成十五年五月十五日

著者――鈴木将夫《すずきまさお》〈検印省略〉

発行者――岸　重人

発行所――株式会社　日本教文社
東京都港区赤坂九―六―四四　〒一〇七―八六七四
電話　〇三（三四〇一）九一一一（代表）
　　　〇三（三四〇一）九一一四（編集）
FAX　〇三（三四〇一）九一一八（編集）
　　　〇三（三四〇一）九一三九（営業）
振替　〇〇一四〇―四―五五五一九

印刷・製本――光明社

装幀――Push-up（清水良洋）

図版――Push-up（佐の佳子）

イラスト――豆鈴木

ISBN4-531-06383-X Printed in Japan

JASRAC　出0303791-301

＊本書の本文用紙は70％再生紙を使用しています。